CHOISIR ET CUISINER

La Viande

BŒUF - VEAU - PORC - AGNEAU

Pascal HUMBERTCLAUDE

Photos : S.A.E.P. / J.L. SYREN et V. MORITZ

ÉDITIONS S.A.E.P.
68040 INGERSHEIM - COLMAR

🍴	préparation très simple
🍴🍴	préparation facile
🍴🍴🍴	préparation élaborée
○	peu coûteuse
○○	raisonnable
○○○	chère

L'Homme a toujours donné à la préparation et à la cuisson de la viande une place très importante dans son alimentation.

Le feu constitue la première étape qui permet bien sûr de griller, rôtir, et même de fumer la viande.

Le Moyen-Âge place celle-ci au tout premier plan, déconseillant même de manger des légumes, considérés alors comme moins nourrissants.

Mais c'est surtout à partir du 18e siècle que les recettes de viande se développent de façon multiple.

Si les techniques culinaires ont évolué au cours de l'histoire et qu'elles nous laissent un patrimoine impressionnant de recettes, il n'en reste pas moins que préparer, cuisiner la viande quotidiennement, ou pour recevoir des amis, n'est pas toujours chose facile. Les choix peuvent être nombreux : type de viande, découpe, mode de cuisson, assaisonnement, sauce…

Le temps est également important, nous ne disposons plus toujours de la même disponibilité pour confectionner nos repas dans la société actuelle.

Ce livre va vous aider, vous guider, vous conseiller dans la préparation de vos plats de viande, et même s'il reprend quelques recettes incontournables de la cuisine classique, il va vous donner des idées et peut-être vous permettre, avec un peu d'imagination, quelques créations personnelles. Le plus important étant de trouver un équilibre harmonieux entre les éléments de base qui composent un plat et ceux qui les accompagnent, comme celui par exemple du jarret de veau fondant après quelques heures de cuisson, et de la sauce onctueuse à la crème et aux jaunes d'œufs l'accompagnant, ou de la blanquette de veau, qui est et restera encore pour longtemps, j'espère, un chef-d'œuvre incontesté…

LA VIANDE : MIEUX CONNAÎTRE POUR MIEUX CHOISIR, PRÉPARER...

Nous sommes de grands consommateurs de viande avec les Américains et les Australiens (environ 100 kg/an par habitant en France pour seulement 13 kg/an par habitant au Japon).

Avant d'arriver dans notre assiette, l'animal de boucherie passe par plusieurs étapes qui constituent la « filière viande ».

La législation française sur le contrôle sanitaire des viandes de boucherie est l'une des plus strictes d'Europe, elle est appliquée par des vétérinaires inspecteurs qui apposent une marque (tampon ou estampille) sur les carcasses livrées à la consommation. Seules les viandes saines pourront être commercialisées. Il est souhaitable de posséder quelques connaissances pour bien acheter et ne pas se tromper.

LA QUALITÉ

La qualité d'une viande dépend de nombreux facteurs :

— l'âge de la bête (la viande est en général plus tendre chez les jeunes animaux) ;

— le sexe (la viande du mâle est quelquefois plus dure, plus foncée) ;

— la race (parmi les principales, citons pour les bovins : la charolaise, la limousine, la salers, la blonde d'Aquitaine ; pour les ovins : les prés-salés, Avranchin et Cotentin, Hampshire, Berrichonne ; et pour les porcins : le large white, la landrace, le blanc de l'ouest) ;

— le mode d'élevage (en liberté ou industriel) ;

— l'alimentation (pâturages, industrielle).

Ajoutons également l'état de santé, la quantité de graisse sur l'animal, les conditions dans lesquelles l'animal a été abattu.

Il faut bien se rappeler que la qualité se rapporte à l'animal tout entier. C'est la vue, le toucher et l'odorat qui permettent de la définir le mieux. Voici quelques conseils :

— LE BŒUF doit être rouge vif assez foncé et brillant. La graisse, légèrement jaune, est assez importante sur les muscles et infiltre la chair en formant un fin réseau ; c'est ce que l'on appelle le « persillé ». Au toucher, la viande est ferme et élastique, son odeur est agréable et quasiment nulle.

— LE VEAU doit être blanc très légèrement rosé. Les muscles sont composés de grains très fins. La graisse est assez importante, ferme et blanche. Le toucher est souple sous la pression du doigt.

— LE PORC se reconnaît à sa chair rose, ferme et sèche (sans trace d'humidité).

— LE MOUTON est une viande plus colorée que celle de l'agneau. Celui-ci a une chair rose et brillante avec un grain serré. La graisse est blanche, ferme, abondante, sans excès.

En ce qui concerne les abats, exigez toujours une parfaite fraîcheur. Les meilleurs, provenant du veau, sont aussi les plus chers.

LA CATÉGORIE

La catégorie se rapporte aux différents morceaux de viande de l'animal, c'est-à-dire pour être plus précis, à l'emplacement anatomique des morceaux sur l'animal. Il existe trois catégories qui constituent le déterminant essentiel du mode de cuisson à appliquer aux morceaux.

La catégorie est également directement liée à la composition de la viande et en particulier à sa teneur en collagène. Cette substance particulière, très dure à mastiquer, nécessite une cuisson très longue pour ramollir et pouvoir être consommée.

	Emplacement anatomique	Modes de cuisson
1ère catégorie	Cuisses et dos.	Cuissons rapides : griller, sauter, rôtir.
2e catégorie	Épaules.	Cuissons plus longues : braiser, en sauce.
3e catégorie	Cou, poitrine, muscles abdominaux, extrémités des membres.	Cuissons très longues : braiser, à l'eau, en sauce.

Il ne faut donc pas confondre qualité et catégorie qui sont, nous l'avons vu, deux choses différentes.

Un filet de bœuf, par exemple, peut provenir d'un animal de bonne qualité ou de mauvaise qualité, mais sera toujours un morceau de première catégorie.

LE MARQUAGE DES VIANDES

Après l'abattage, les animaux sont obligatoirement inspectés et deux marquages différents sont effectués :

LE MARQUAGE SANITAIRE

Avant la mise à mort, les vétérinaires examinent les animaux sur pied pour détecter et éliminer d'éventuels animaux malades, accidentés…

Après l'abattage, les vétérinaires inspectent les carcasses et les viscères des animaux. Si l'inspection n'est pas conforme, la carcasse est retirée de la consommation humaine.

Les carcasses ainsi reconnues propres à la consommation vont recevoir une estampille sanitaire qui sera apposée sur l'animal à différents endroits sous la forme d'un tampon à encre alimentaire.

Les estampilles sanitaires sont de 3 types : estampille communautaire (les viandes peuvent circuler dans tous les pays de la C.E.E.), estampille nationale (les viandes ne peuvent circuler qu'en France) et estampille locale, en voie de disparition (les viandes ne peuvent circuler en dehors de la ville où l'abattoir est situé). Les estampilles assurent aux consommateurs que la viande est propre à la consommation et que les animaux ont été tués dans des abattoirs agréés, c'est-à-dire principalement dans des locaux offrant toutes les garanties d'hygiène.

LE MARQUAGE DE QUALITÉ

Les carcasses des animaux sont appréciées à plusieurs niveaux.

Pour le bœuf et le mouton :

La masse musculaire appelée conformation est caractérisée par la grille de classement EUROP.

Lettre	Masse musculaire ou conformation
E	supérieure
U	très bonne
R	bonne
O	assez bonne
P	passable

La conformation supérieure d'une carcasse est caractérisée principalement par des profils convexes et une musculature rebondie et épaisse.

La masse de graisse ou état d'engraissement, quant à elle, est définie par cinq chiffres.

Lettre	Engraissement
1	maigre
2	un peu couvert
3	couvert
4	gras
5	très gras

Pour le veau :

S'ajoute à l'état d'engraissement et à la conformation un troisième critère déterminant la couleur, défini par un chiffre.

Chiffre	Couleur
1	blanc
2	rosé clair
3	rosé
4	rouge

Ainsi, une carcasse de bœuf ou de mouton peut porter l'estampille suivante : R3

R : la lettre de la conformation

3 : le chiffre de l'état d'engraissement.

Une carcasse de veau : 2 R3

2 : le chiffre de la couleur de la viande

R : la lettre de la conformation

3 : le chiffre de l'état d'engraissement

Pour le porc :

Le classement EUROP est effectué en fonction de la quantité de viande maigre par rapport au poids de la carcasse.

Lettre	Viande estimée en pourcentage par rapport au poids de la carcasse
E	55 % et plus
U	de 50 et jusqu'à 55 %
R	de 45 et jusqu'à 50 %
O	de 40 et jusqu'à 45 %
P	moins de 40 %

LA VIANDE ET L'ÉQUILIBRE

Le mot « viande » vient du latin *vivenda* qui désignait dans l'antiquité ce qui composait l'alimentation humaine, qui permettait de vivre.

La viande est en effet un aliment vital, c'est notre source de protéines la plus importante. Ces protéines sont des substances qui constituent l'essentiel de notre organisme, les muscles, le foie, les poumons... De plus, notre organisme est incapable de fabriquer certaines de ces protéines, il faut donc que notre alimentation lui en fournisse tous les jours.

La graisse contenue dans la viande est très variable (de 10 à 30 %) suivant l'espèce considérée, le morceau, l'état d'engraissement... Outre la quantité d'énergie importante qu'elle nous fournit, il faut redouter une consommation excessive de graisse animale qui peut conduire à la longue à des problèmes cardiovasculaires. Il faut donc et autant que possible dégraisser les viandes ou éviter de consommer le gras visible.

Contrairement à certaines idées reçues, la viande très peu cuite (bleue, saignante) ne présente pas une valeur nutritionnelle supérieure à celle bien cuite. Au contraire, les protéines bien cuites seraient mieux digérées par notre organisme.

La richesse en vitamines des viandes concerne surtout la vitamine B1 (thiamine). Les abats, et spécialement le foie, en sont les plus riches.

La viande fournit également du fer qui est indispensable pour capter l'oxygène dans le sang et dont la déficience entraîne une anémie (fatigue et pâleur anormales) et du phosphore, composant du système nerveux.

Viande	Eau	Graisses	Protides	Fer (en mg)	Vitamine B1 (en mg)
Bœuf	54 à 73 %	13,5 à 25 %	16 à 29 %	1,5 à 3,2	0,04 à 0,08
Veau	56 à 75 %	3 à 11 %	20 à 30 %	1,2 à 1,6	0,06 à 0,10
Porc	38 à 70 %	7 à 45 %	15 à 28 %	0,7 à 1,2	0,60 à 0,90
Agneau	47 à 68 %	9 à 36 %	15 à 20 %	1,2 à 1,9	0,09 à 0,15

MODES DE CUISSON ET MORCEAUX

CUISSONS	BŒUF	VEAU	AGNEAU	PORC
GRILLER	Steak, tournedos, entrecôte, bavette, onglet, côte, pavé, brochette.	Côte, escalope, médaillon, brochette.	Côtelette, noisette, brochette, tranche de gigot.	Côte, médaillon, escalope (grillade), brochette, travers.
SAUTER à la poêle ou à la sauteuse	Steak, tournedos, entrecôte, bavette, onglet, côte, pavé, brochette.	Côte, escalope, médaillon, brochette.	Côtelette, noisette, brochette, tranche de gigot.	Côte, médaillon, escalope (grillade), brochette, travers.
RÔTIR	Faux-filet, romsteck, tranche, filet, train de côtes.	Filet mignon.	Gigot, filet, baron, épaule, carré, selle.	Filet mignon, échine.
RAGOÛT (viande en sauce)	Épaule (paleron, macreuse), gîte-gîte, jumeau, aiguillette.	Épaule, poitrine, jarret.	Épaule, poitrine, collet.	Épaule, échine, travers.
BRAISER	Épaule (paleron, macreuse), gîte-gîte, jumeau, aiguillette.	Épaule, poitrine, jarret, noix, noix pâtissière.	Épaule, poitrine, collet.	Épaule, échine, travers, jambon.
« EN CASSEROLE »		Longe, carré, noix, épaule.		Longe, carré, noix de jambon, épaule, palette.
BOUILLIR (à l'eau), POCHER	Macreuse, plat de côtes, gîte-gîte, paleron.	Épaule, poitrine, jarret.		Épaule, poitrine, échine. Salaisons.

BŒUF

1 - Aloyau
2 - Train de côtes couvert
3 - Train de côtes découvert
4 - Collier
5 - Queue
6 - Gîte à la noix
7 - Tranche grasse
8 - Gîte
9 - Crosse
10 - Culotte
11 - Romsteck
12 - Filet
13 - Faux-filet
14 - Entrecôtes
15 - Bavette d'aloyau
16 - Plat de côtes
17 - Paleron
18 - Macreuse
19 - Flanchet
20 - Poitrine
21 - Trumeau ou gîte de devant

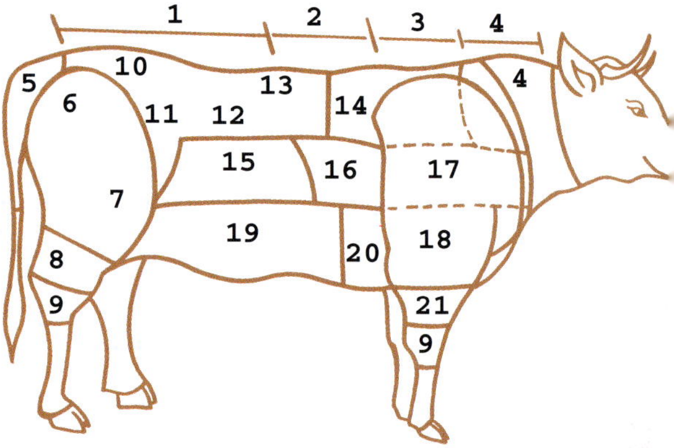

VEAU

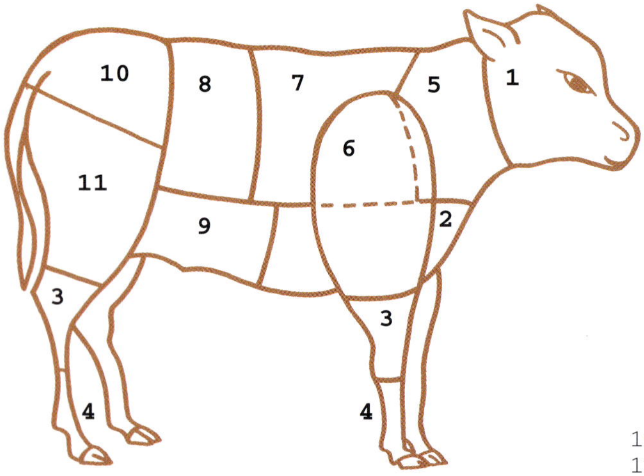

1 - Tête
2 - Poitrine
3 - Jarret
4 - Pied
5 - Collier
6 - Épaule
7 - Carré
8 - Longe
9 - Tendron
10 - Quasi
11 - Cuisseau

RECETTES

PORC

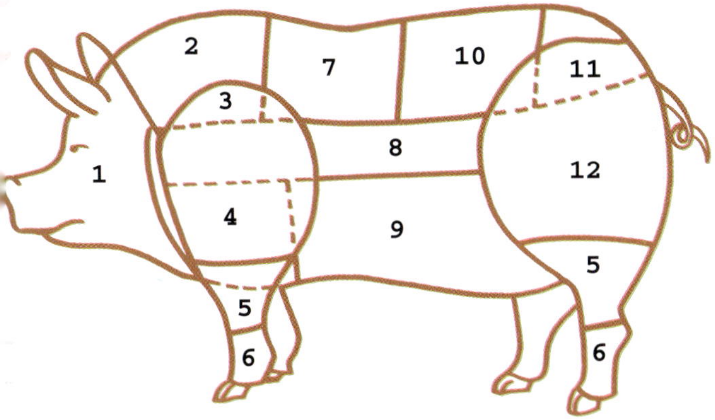

1 - Tête
2 - Échine
3 - Épaule
4 - Plat de côte
5 - Jambonneau
6 - Pied
7 - Carré
8 - Travers
9 - Poitrine
10 - Filet
11 - Pointe
12 - Jambon

AGNEAU

1 - Gigot
2 - Selle
3 - Carré
4 - Haut des côtelettes
5 - Poitrine
6 - Épaule
7 - Collier

Fond brun

Prép. : 30 min - Cuiss. : 3 h
Pour 2 l environ

1 kg d'os de veau et de bœuf / 1 kg de parures (nerfs, cartilage...) / 2 carottes / 2 oignons / 1 cuil. à soupe de concentré de tomates / 3 gousses d'ail / 1 gros bouquet garni (persil, thym, laurier).

Faire colorer les os et les parures au four à 250 °C (th. 8-9), pendant 15 à 20 minutes.

Ajouter les carottes et les oignons taillés en gros dés. Laisser légèrement colorer.

Mettre le tout dans une marmite et ajouter environ 3 litres d'eau. Ajouter le concentré de tomates, l'ail écrasé, le bouquet garni. Laisser cuire doucement en écumant régulièrement.

Au terme de la cuisson, passer au chinois.

Fond brun lié ou sauce espagnole

Prép. : 20 min - Cuiss. : 1 h
Pour 1,5 l

100 g de beurre / 100 g de farine / 100 g de carottes / 100 g d'oignons / 5 cl d'huile / 1 l de fond brun (ci-dessus) / 2 tomates / 1 bouquet garni (persil, thym, laurier, estragon, cerfeuil).

Réaliser un roux : faire fondre le beurre et ajouter la farine. Cuire quelques instants en remuant. Faire refroidir.

Faire revenir les carottes et les oignons coupés en gros dés dans l'huile. Ajouter le fond et faire bouillir. Incorporer le roux progressivement, en remuant avec un fouet.

Ajouter les tomates et le bouquet garni et laisser cuire 1 heure environ, tout doucement, en écumant et en retirant la graisse qui remonte à la surface.

Passer au chinois.

Fond blanc

Prép. : 15 min - Cuiss. : 2 à 3 h
Pour 2 l environ

1 kg de carcasse de volaille ou d'os de veau / 100 g de carottes / 100 g d'oignons / 2 gousses d'ail / 1 bouquet garni (persil, poireau, céleri, thym, laurier) / 1 clou de girofle.

Mettre les parures dans une marmite. Couvrir d'eau et porter à ébullition. Écumer soigneusement et ajouter les légumes. Cuire doucement 2 à 3 heures.

Passer au chinois. Dégraisser et utiliser.

Marinade crue

Prép. : 10 min
Pour 2 l environ

100 g d'oignons / 80 g de carottes / 2 gousses d'ail / 2 l de vin rouge ou blanc (suivant la recette) / 5 cl de vinaigre de vin / 5 cl d'huile / 1 bouquet garni (persil, thym, laurier) / Poivre en grains.

Éplucher, laver et couper finement les légumes.

Rassembler tous les éléments dans un récipient.

Marinade cuite

Prép. : 15 min - Cuiss. : 30 min
Pour 2 l environ

100 g d'oignons / 80 g de carottes / 2 gousses d'ail / 1 bouquet garni (persil, thym, laurier) / 2 l de vin rouge ou blanc (suivant la recette) / 5 cl de vinaigre de vin / 5 cl d'huile / Poivre en grains.

Éplucher, laver et tailler finement les légumes. Préparer le bouquet garni. Les faire revenir doucement avec l'huile, sans coloration. Ajouter tous les autres ingrédients. Laisser cuire doucement 30 minutes.

Laisser refroidir avant utilisation.

Duxelles de champignons

Prép. : 15 min - Cuiss. : 20 min
4 pers.

300 g de champignons de Paris bien frais / Le jus d'1/2 citron / 30 g d'échalote hachée / 50 g de beurre / Sel, poivre.

Hacher finement les champignons au couteau ou utiliser un robot. Les citronner.

Faire revenir sans coloration l'échalote dans le beurre et ajouter les champignons. Assaisonner et laisser cuire jusqu'à complète évaporation de l'eau de végétation.

Concassée de tomates

Prép. : 15 min - Cuiss. : 20 à 30 min
4 pers.

800 g de tomates bien mûres / 1 oignon / 5 cl d'huile d'olive / 1 bouquet garni (persil, thym, laurier) / 2 gousses d'ail / Sucre / Sel, poivre.

Tremper quelques secondes les tomates dans de l'eau à ébullition. Les mettre ensuite dans l'eau froide. Les éplucher puis les couper en deux et retirer les pépins. Les hacher grossièrement.

Faire revenir sans coloration l'oignon dans l'huile d'olive. Ajouter les tomates, l'assaisonnement, le bouquet garni, l'ail écrasé, et laisser cuire doucement, jusqu'à évaporation des trois quarts de l'eau de végétation.

Retirer le bouquet garni et l'ail.

Coulis de tomates

Prép. : 15 min - Cuiss. : 20 min
4 pers.

800 g de tomates bien mûres / 1 oignon / 5 cl d'huile d'olive / 1 bouquet garni (persil, thym, laurier) / 2 gousses d'ail / Sucre / Sel, poivre.

Tremper quelques secondes les tomates dans de l'eau à ébullition. Les mettre ensuite dans l'eau froide. Les éplucher puis les couper en deux et retirer les pépins. Les hacher grossièrement.

Faire revenir sans coloration l'oignon dans l'huile d'olive. Ajouter les tomates, l'assaisonnement, le bouquet garni, l'ail écrasé, et laisser cuire à couvert 20 minutes pour éviter l'évaporation de l'eau.

Retirer le bouquet garni et l'ail puis passer au moulin à légumes ou au mixer.

Sauce tomate

Prép. : 10 min - Cuiss. : 1 h
Pour 1 l

100 g de carottes / 150 g d'oignons / 50 g de poitrine de porc salée / 5 cl d'huile d'olive / 70 g de farine / 100 g de concentré de tomates / 1 bouquet garni / 3 gousses d'ail / Sucre / Sel, poivre.

Faire revenir les carottes, les oignons et la poitrine coupés en dés dans l'huile d'olive.

Ajouter la farine. Mélanger. Ajouter le concentré de tomates. Verser environ 1,5 l d'eau froide. Faire bouillir en remuant. Ajouter le bouquet garni, l'ail écrasé et l'assaisonnement. Laisser cuire tout doucement environ 1 heure.

Dégraisser et écumer pendant la cuisson.

Passer au chinois.

Sauce Béchamel

Prép. : 10 min - Cuiss. : 5 min
Pour 1 l

70 g de beurre / 70 g de farine / 1 l de lait / Noix de muscade / Sel, poivre de Cayenne.

Faire fondre le beurre et ajouter la farine. Cuire quelques secondes en remuant.

Hors du feu, ajouter le lait et remuer énergiquement avec un fouet. Faire bouillir sans cesser de remuer.

Assaisonner et laisser cuire doucement quelques minutes.

Passer au chinois.

Sauce hollandaise

Prép. : 10 min - Cuiss. : 10 min
4 pers.

250 g de beurre / 4 jaunes d'œufs / Sel, poivre de Cayenne.

Faire fondre le beurre à feu très doux. Retirer l'écume qui se forme à la surface.

Mélanger les jaunes d'œufs avec 5 cl d'eau. Porter à feu doux ou au bain-marie et fouetter jusqu'à l'obtention d'une « crème » légère, un peu ferme.

Incorporer peu à peu le beurre en prenant soin de ne pas utiliser le dépôt blanchâtre au fond du récipient. Assaisonner.

Sauce béarnaise

Prép. : 15 min - Cuiss. : 10 min
4 pers.

250 g de beurre / 30 g d'échalote hachée / 8 cl de vinaigre / 30 g d'estragon haché / 4 jaunes d'œufs / 30 g de cerfeuil haché / Sel, poivre concassé.

Faire fondre le beurre, retirer l'écume de la surface.

Réunir dans une casserole l'échalote, le poivre, le vinaigre et la moitié de l'estragon. Faire réduire presque à sec. Ajouter les jaunes d'œufs, 5 cl d'eau, et porter à feu doux en fouettant pour obtenir une crème légèrement épaisse.

Incorporer le beurre sans le dépôt blanchâtre du fond du récipient. Assaisonner et passer au chinois dans un bain-marie tiède.

Ajouter le reste de l'estragon et le cerfeuil hachés.

LE BŒUF

Sous l'appellation «bœuf», votre boucher peut vous vendre différents animaux abattus à des âges différents :

— le baby bœuf : mâle castré de moins de 18 mois, 400 à 500 kg. La production actuelle est faible. Sa viande est pâle et peu savoureuse.

— le taurillon précoce : mâle non castré de 18 à 20 mois. 400 à 550 kg. Sa viande est tendre, légèrement colorée mais totalement insipide.

— la génisse : femelle de 24 à 36 mois n'ayant jamais porté. Sa viande est particulièrement recherchée dans les races précoces.

— le bœuf : mâle castré de 30 mois à 3 ou 4 ans. Sa viande, suivant les races et l'élevage, est de très grande qualité et très recherchée.

— la vache de réforme : vache laitière transformée en viande. Spécialement engraissée, sa viande est de bonne qualité et recherchée.

Conseils d'achat : acheter la viande de couleur rouge vif, brillante, avec un grain fin et lisse. La graisse doit être ferme et blanche et présenter de fines infiltrations à l'intérieur du muscle (persillé ou marbré).

CONSERVATION

À l'achat, il faut contrôler la fraîcheur, l'odeur, la consistance, l'absence de poissage. Ensuite, conserver la viande au frais et respecter les températures.

— Viandes conservées sous film plastique : elles ont une durée de vie courte, inférieure à 5 jours. Température de conservation inférieure à 3°.

— Viandes conservées sous vide : elles sont conditionnées dans des enveloppes fermées hermétiquement, d'où une conservation prolongée : 3 à 4 semaines. Température de conservation inférieure à 2°.

Remarque : cette forme de conservation, qui tend à se développer, n'est pas sans comporter certains risques si les conditions d'hygiène et de qualité n'ont pas été respectées. En effet, certains microbes peuvent encore se multiplier malgré l'absence d'oxygène dans les sacs. C'est la raison pour laquelle il faudra rejeter systématiquement toute viande qui présentera un exsudat excessif, une odeur répugnante, un aspect poisseux, ou encore un emballage gonflé.

— Viandes surgelées : elles sont conditionnées puis abaissées en température rapidement. Vous devez limiter au maximum le temps qui sépare l'achat du stockage dans votre congélateur. Température de stockage : -18° minimum.

LE BŒUF	Poids/pers.	Principaux morceaux pouvant être utilisés
Steak	0,150 kg	Tranche épaisse taillée dans : tranche grasse, tende de tranche, bavette, hampe, onglet, merlan, poire, romsteck, faux-filet.
Pavé	0,150 kg	Tranche épaisse rectangulaire : faux-filet, romsteck.
Tournedos	0,150 kg	Tranche très épaisse (3 cm) : filet. Dans un autre morceau, on dira « façon tournedos ».
Chateaubriand	0,150 kg	Tranche épaisse pour 2 personnes ou plus : filet.
Entrecôte	0,150-0,200 kg	Tranche taillée dans : entrecôte, train de côtes.
Côte	0,200-0,250 kg	Tranche épaisse (4-5 cm) du : train de côtes.
Brochettes Fondue bourguignonne	0,150 kg	Cubes épais taillés dans : tranche grasse, romsteck, faux-filet, filet.
Pièce à rôtir (rosbif)	0,150 kg	Pièce entière pour plusieurs personnes : faux-filet, romsteck, filet, tranche grasse, train de côtes.
Pièce à braiser	0,200 kg	Pièce entière pour plusieurs personnes : macreuse, jumeau, gîte-gîte, paleron, aiguillette, veine, talon.
Ragoût (viande en sauce)	0,200 kg	Gros cubes taillés dans : macreuse, jumeau, gîte-gîte, paleron, aiguillette, veine, talon.
Pot-au-feu (à bouillir)	0,200 kg	Pièce entière pour plusieurs personnes : macreuse, jumeau, griffe, plat de côtes, gîte-gîte, queue, poitrine.

Hamburgers à l'américaine

Prép. : 15 min - Cuiss. : 5 min
4 pers.

600 à 800 g de bœuf haché / 50 g d'oignons hachés / 1 cuil. à soupe de persil haché / 2 œufs /30 g de beurre / 4 petits pains ronds / Sel, poivre.

Mélanger la viande avec les oignons, le persil et les œufs. Former 4 galettes de la même grosseur que les pains.

Assaisonner et saisir les steaks dans le beurre chaud. Cuire quelques minutes de chaque côté.

Toaster les pains coupés en deux. Poser un steak sur chaque demi-pain.

Accompagnement possible : moutarde, salade verte, fromage, cornichons, tomate, sauces fortes, ketchup…

Steaks tartare

Prép. : 20 min
4 pers.

100 g d'oignons / 80 g de câpres / 1 cuil. de persil haché / 600 à 800 g de maigre de bœuf (filet) / 2 jaunes d'œufs / 1 cuil. de moutarde / 1 dl d'huile / Worcestershire sauce / Ketchup / Tabasco / Vinaigre / Sel, poivre.

Hacher finement les oignons épluchés, les câpres et le persil.

Hacher le maigre de bœuf. Réserver au frais.

Réunir les jaunes d'œufs, la moutarde, du sel, du poivre, et incorporer l'huile comme pour une mayonnaise. Ajouter les oignons, les câpres, le persil, la viande hachée. Bien mélanger à l'aide d'une fourchette. Assaisonner, suivant le goût, avec la Worcestershire sauce, le ketchup, le tabasco (relevé ou non).

Partager la préparation en quatre et arroser d'un petit filet de vinaigre.

La préparation peut se faire à table, devant les convives.

870
444

Brochettes de bœuf aux foies de canard

Prép. : 20 min - Cuiss. : 10 min env.
4 pers.

700 g de bœuf (filet ou romsteck) / 300 g de foies de canard / 12 tranches de poitrine fumée très fines / 12 petits champignons de Paris / 5 cl d'huile / Herbes de Provence / Sel, poivre.

Tailler la viande en dés. Couper les foies en 12 morceaux et les entourer d'1 tranche de poitrine fumée.

Nettoyer et laver les champignons.

Embrocher, en alternant, champignon, foie, viande... Arroser les brochettes d'un filet d'huile. Saupoudrer d'herbes de Provence.

Assaisonner et faire griller quelques minutes de chaque côté, en retournant plusieurs fois.

Steaks sautés aux poivrons

Prép. : 20 min - Cuiss. : 30 min
4 pers.

100 g d'oignons / 150 g de poivrons vert et rouge / 5 cl d'huile d'olive / 250 g de tomates bien mûres / 1 gousse d'ail hachée / Persil haché / 4 steaks (romsteck ou faux-filet) / 5 cl d'huile / 30 g de beurre / Sucre / Sel, poivre.

Éplucher et tailler finement les oignons et les poivrons. Faire revenir doucement sans coloration dans l'huile d'olive pendant 5 minutes.

Plonger les tomates quelques secondes dans l'eau bouillante, puis dans l'eau froide. Les éplucher, les couper en deux et retirer les pépins. Hacher ensuite grossièrement et ajouter aux oignons et aux poivrons. Assaisonner de sel, poivre et sucre.

Ajouter l'ail et le persil et laisser cuire 20 minutes en remuant de temps en temps, à feu très doux.

Assaisonner et saisir les steaks dans l'huile et le beurre très chauds, quelques minutes de chaque côté (suivant la cuisson désirée).

Dresser les steaks sur un plat long et napper avec les légumes. Saupoudrer de persil haché.

Steaks sautés au beurre de moutarde

Prép. : 20 min - Cuiss. : 10 min
4 pers.

50 g d'échalotes hachées / 1 dl de vin blanc / 150 g de beurre / 1 cuil. à soupe de moutarde / 1 cuil. à soupe de persil haché / 4 steaks (faux-filet, romsteck) de 600 g environ / 5 cl d'huile / Sel, poivre.

Dans une petite casserole, réunir les échalotes et le vin blanc. Faire réduire de moitié. Ajouter 120 g de beurre coupé en morceaux. Fouetter jusqu'à ce que le beurre soit complètement incorporé. Ajouter la moutarde et le persil haché. Mélanger. Assaisonner de sel et de poivre.

Assaisonner et faire cuire les steaks à la poêle dans l'huile et le beurre bien chauds (suivant la cuisson désirée).

Dresser les steaks dans le plat de service et napper avec la sauce.

Bavette à l'échalote

Prép. : 10 min - Cuiss. : 5 à 10 min
4 pers.

4 steaks taillés dans la bavette (150 à 200 g pièce) / 5 cl d'huile / 50 g de beurre / 100 g d'échalotes hachées / 5 cl de vin blanc / Persil haché / Sel, poivre.

Assaisonner et saisir les steaks dans l'huile et 20 g de beurre bien chauds suivant la cuisson désirée. Débarrasser les steaks dans un plat de service et tenir au chaud.

Dégraisser le récipient de cuisson. Ajouter les échalotes et laisser cuire quelques secondes sans coloration. Verser le vin blanc et laisser réduire aux trois quarts.

Hors du feu, incorporer au fouet le reste de beurre coupé en petits morceaux. Vérifier l'assaisonnement.

Napper les steaks et saupoudrer de persil haché.

NOTE SUR LES DIFFÉRENTS POINTS
DE CUISSON DES VIANDES ROUGES

3 critères permettent de déterminer la cuisson des viandes :

— la couleur intérieure de la pièce,

— la consistance (reconnaissable en exerçant une pression du doigt sur la pièce),

— la température atteinte au centre de la pièce.

Exemples :

***Cuisson « bleu »** : couleur rouge ; consistance molle ; température : juste tiède.*

***Cuisson « saignant »** : couleur rouge ; consistance un peu ferme ; température : environ 50 °.*

***Cuisson « à point »** : couleur rose ; consistance résistante ; température : environ 65 °.*

***Cuisson « bien cuit »** : couleur grise ; consistance ferme ; température : environ 80 °.*

Il est difficile de donner un temps de cuisson précis. Il dépend essentiellement de l'épaisseur et de la forme de la pièce. Une pièce de 200 g peut être fine et grande ou petite et épaisse. La première subira une cuisson moins longue que la deuxième pour le même point de cuisson.

Onglets à la niçoise

Prép. : 15 min - Cuiss. : 10 min
4 pers.

600 à 800 g d'onglet paré / 5 cl d'huile / 50 g de beurre / 50 g d'échalotes hachées / 1 dl de vin blanc / 100 g de concassée de tomates (p. 14) / 2,5 dl de fond brun (p. 12) / 5 ou 6 filets d'anchois à l'huile / 50 g d'olives noires dénoyautées / 1 cuil. à soupe de persil haché / Sel, poivre.

Tailler l'onglet en 4 morceaux. Assaisonner. Saisir dans l'huile et 30 g de beurre bien chaud. Cuire quelques minutes de chaque côté (tenir les pièces rosées).

Dresser sur un plat long. Tenir au chaud.

Dégraisser le récipient de cuisson. Ajouter les échalotes. Cuire 1 minute en remuant. Ajouter le vin blanc et laisser réduire à sec.

Ajouter la concassée de tomates et le fond brun. Laisser cuire quelques minutes.

Hors du feu, ajouter les filets d'anchois et les olives hachées. Incorporer le reste de beurre et napper les onglets.

Saupoudrer de persil haché.

Roastbeef et Yorkshire pudding

Prép. : 20 min - Cuiss. : 55 min
Repos : 15 min - 4 pers.

800 g à 1 kg de romsteck ou de faux-filet / 5 cl d'huile / 30 g de beurre / 2,5 dl de fond brun (p. 12) / 2 œufs / 140 g de farine / 1/4 l de lait / Sel, poivre.

Ficeler la pièce de bœuf. Faire saisir dans l'huile et le beurre bien chauds et poursuivre la cuisson au four à 250 °C (th. 8-9). Assaisonner après coloration. Laisser cuire 20 à 30 minutes suivant l'épaisseur de la pièce.

Après cuisson, laisser reposer la pièce au chaud environ 15 minutes.

Dégraisser le récipient (conserver la graisse de cuisson). Ajouter le fond brun. Faire bouillir quelques minutes. Vérifier l'assaisonnement et tenir au chaud.

Faire chauffer 3 cuillerées de graisse de cuisson du rôti dans un plat creux allant au four.

Mélanger au fouet les œufs avec une bonne pincée de sel. Ajouter la farine et détendre progressivement avec le lait. Verser cette préparation dans la graisse chaude et cuire au four chaud pendant une dizaine de minutes, puis à four moyen pendant 15 minutes. Le pudding doit être bien gonflé, croustillant et doré.

Servir aussitôt avec la pièce de bœuf tranchée finement accompagnée de son jus.

Le Yorkshire pudding est une spécialité anglaise qui constitue la garniture traditionnelle du rôti de bœuf.

Côte de bœuf rôtie au vin de Moselle

Prép. : 20 min - Cuiss. : 25 à 35 min
Repos : 10 min - 4 pers.

1 côte de bœuf (1 à 1,200 kg) / 50 g de beurre / 100 g d'échalotes / 2 dl de vin blanc de Moselle / 2,5 dl de fond brun (p. 12) / Persil haché / Sel, poivre.

Faire rôtir la côte de bœuf dans un four bien chaud avec 20 g de beurre. Assaisonner après coloration. Laisser cuire 20 à 30 minutes suivant épaisseur et point de cuisson désiré. Débarrasser et laisser reposer la côte de bœuf après cuisson.

Faire réduire les échalotes et le vin blanc aux trois quarts. Ajouter le fond de veau et laisser cuire quelques minutes.

Hors du feu, ajouter le persil haché et le reste de beurre, en remuant avec un fouet. Vérifier l'assaisonnement.

Débarrasser les os de la côte de bœuf et escaloper en tranches assez épaisses. Dresser sur un plat long. Servir la sauce à part, en saucière.

Entrecôte double aux cèpes

Prép. : 20 min - Cuiss. : 15 à 20 min
Repos : 10 min - 4 pers.

1 dl d'huile / 300 g de cèpes / 2 entrecôtes épaisses d'environ 400 g chacune / 20 g de beurre / 1 petite gousse d'ail / 1 cuil. à soupe de persil haché / Sel, poivre.

Faire chauffer un bon filet d'huile dans une poêle et ajouter les cèpes bien essuyés et escalopés. Assaisonner de sel et de poivre et laisser cuire jusqu'à complète évaporation de l'eau de végétation.

Assaisonner et saisir les entrecôtes vivement dans le beurre et l'huile très chauds. Les pièces étant très épaisses, vous pouvez finir la cuisson au four (15 minutes, suivant cuisson désirée). Laisser reposer après cuisson.

Ajouter l'ail haché et le persil aux cèpes et laisser très légèrement frire quelques secondes. Égoutter les cèpes à l'aide d'une écumoire. Tenir au chaud.

Escaloper les deux entrecôtes et les disposer sur un plat long. Entourer avec les cèpes et saupoudrer de persil haché.

Entrecôtes marchand de vin

Prép. : 15 min - Cuiss. : 20 min
4 pers.

4 entrecôtes (800 g) / 5 cl d'huile / 50 g de beurre / 50 g d'échalotes / 2 dl de vin rouge / 2,5 dl de fond brun lié (p. 12) / Persil haché / Sel, poivre.

Assaisonner et cuire les entrecôtes dans l'huile et 20 g de beurre bien chauds (suivant la cuisson désirée). Tenir au chaud dans un plat de service.

Dégraisser la poêle et ajouter les échalotes hachées. Laisser cuire 1 minute en remuant. Ajouter le vin rouge et laisser réduire aux trois quarts. Ajouter ensuite le fond brun. Laisser cuire l'ensemble quelques minutes.

Hors du feu, incorporer le reste de beurre et de persil haché, en fouettant.

Napper les entrecôtes. Saupoudrer de persil haché.

Entrecôtes à la lyonnaise

Prép. : 15 min - Cuiss. : 15 min
4 pers.

200 g d'oignons / 80 g de beurre / 4 entrecôtes / 5 cl d'huile / 5 cl de vin blanc / 5 cl de vinaigre / 2 dl de fond brun lié (p. 12) / Persil haché / Sucre / Sel, poivre.

Émincer finement les oignons et les faire cuire doucement avec 1 cuillerée à soupe d'eau, du sel, une prise de sucre et 20 g de beurre.

Assaisonner et cuire les entrecôtes dans l'huile et 30 g de beurre bien chauds, suivant le point de cuisson désiré.

Disposer les entrecôtes dans un plat de service et disposer les oignons autour.

Dégraisser le récipient de cuisson, y ajouter le vin blanc et le vinaigre. Faire réduire et ajouter le fond. Laisser cuire quelques secondes. Ajouter 30 g de beurre et le persil haché, en remuant avec un fouet, et verser sur les entrecôtes.

Saupoudrer de persil et servir aussitôt.

Faux-filet Charlemagne

Prép. : 40 min - Cuiss. : 10 min
4 pers.

4 tranches de faux-filet épaisses d'environ 200 g chacune / 5 cl d'huile / 30 g de beurre / 200 g de concassée de tomates (p. 14) / 200 g de duxelles de champignons (p. 14) / 150 g de sauce béarnaise (p. 17) / Sel, poivre.

Enlever soigneusement le nerf et le gras qui entourent les tranches de faux-filet. Assaisonner et faire cuire les tranches de faux-vilet vivement, dans l'huile et le beurre (quelques minutes de chaque côté en fonction du point de cuisson désiré).

Juste après cuisson, poser les tranches sur une planche à découper et les escaloper en deux.

Sur un plat de service long, étaler la concassée de tomates. Poser une première tranche de viande et répartir la duxelles de champignons. Égaliser à l'aide d'une spatule ; la duxelles ne doit pas dépasser des tranches. Poser la deuxième tranche de faux-filet sur la duxelles, celle-ci étant de ce fait prise en sandwich.

Napper chaque faux-filet ainsi reconstitué de sauce béarnaise et passer le plat quelques minutes sous le gril du four bien chaud. La sauce va légèrement colorer.

Servir aussitôt.

Romsteck flambé au poivre vert

Prép. : 15 min - Cuiss. : 5 à 10 min
4 pers.

4 tranches de romsteck d'environ 150 g chacune / 5 cl d'huile / 30 g de beurre / 5 cl de cognac / 2 dl de fond brun lié (p. 12) / 1 dl de crème fraîche / 1 cuil. à soupe de poivre vert / Sel, poivre.

Assaisonner et saisir les tranches de romsteck dans l'huile et le beurre bien chauds. Cuire quelques minutes de chaque côté suivant la cuisson désirée.

Après cuisson, dégraisser le récipient et faire flamber avec le cognac. Débarrasser les tranches sur un plat de service et les tenir au chaud.

Ajouter le fond et la crème. Laisser réduire jusqu'à ce que la sauce nappe la cuillère.

Ajouter le poivre vert. Faire bouillir quelques secondes et napper les tranches de romsteck.

Plus vous ferez bouillir le poivre vert dans la sauce, plus elle sera forte. À vous de moduler en fonction de vos goûts. Vous pouvez également le remplacer par d'autres poivres en grains : blanc, gris ou noir.

Le poivre vert est constitué de fruits non mûris du poivrier. Vous le trouverez en conserve, en saumure légère ou déshydraté.

Filet de bœuf au roquefort

Prép. : 15 min - Cuiss. : 5 à 10 min
4 pers.

50 g de beurre / 40 g de roquefort / 800 g environ de filet de bœuf / 5 cl d'huile / 3 dl de fond brun lié (p. 12) / Sel, poivre.

Mélanger soigneusement 30 g de beurre et le roquefort dans une assiette, à l'aide d'une fourchette. Réserver.

Tailler le filet de bœuf en gros dés. Assaisonner et faire cuire dans l'huile et le reste de beurre bien chauds. Retirer les morceaux et les tenir au chaud.

Dégraisser le récipient de cuisson et ajouter le fond brun. Laisser réduire quelques minutes.

Hors du feu, incorporer le beurre de roquefort à l'aide d'un fouet. Vérifier l'assaisonnement et napper aussitôt les morceaux de viande.

Filet de bœuf au paprika

Prép. : 20 min - Cuiss. : 15 min
4 pers.

800 g de queue de filet de bœuf / Paprika / 5 cl d'huile / 50 g de beurre / 100 g d'oignons hachés / 5 cl de vin blanc / 2,5 dl de fond brun lié (p. 12) / 1 dl de crème épaisse / Sel, poivre.

Détailler le filet de bœuf en gros bâtonnets. Assaisonner de sel, de poivre et de paprika. Faire sauter vivement dans l'huile et 200 g de beurre bien chauds, en plusieurs fois. Tenir les morceaux saignants. Réserver au chaud dans le plat de service.

Dégraisser le récipient de cuisson. Ajouter les oignons. Cuire 1 minute. Ajouter le vin blanc. Faire réduire. Ajouter le fond brun et la crème. Faire réduire jusqu'à ce que la sauce nappe la cuillère.

Remettre le filet de bœuf dans la sauce et mélanger délicatement.

Hors du feu, ajouter le reste de beurre en remuant constamment et dresser dans un plat creux.

Pavé de bœuf aux morilles

Prép. : 20 min - Cuiss. : 15 min
4 pers.

2 tranches épaisses de faux-filet (600 g) / 5 cl d'huile / 30 g de beurre / 150 à 200 g de morilles / 30 g d'échalote hachée / Persil haché / 5 cl de porto / 5 cl de vin blanc / 2 dl de crème épaisse / Sel, poivre.

Tailler et parer les tranches de faux-filet dans le sens de la largeur, de manière à obtenir 4 pièces de viande rectangulaires assez épaisses.

Assaisonner et faire cuire les pavés dans l'huile et le beurre bien chauds (suivant cuisson désirée). Réserver au chaud, dans un plat de service rond.

Dégraisser le récipient de cuisson et ajouter les morilles bien lavées, l'échalote et le persil. Faire étuver 5 minutes et ajouter le porto et le vin blanc. Laisser réduire et ajouter la crème. Faire bouillir jusqu'à ce que la sauce nappe la cuillère. Vérifier l'assaisonnement.

Napper les pavés de sauce et disposer les morilles au centre du plat.

LA MORILLE

C'est un champignon de printemps savoureux mais assez rare et assez cher.

Son chapeau conique est creusé de nombreuses alvéoles, il faut donc le nettoyer avec beaucoup de soin pour éliminer le sable ou les insectes qui s'y logent. Vous pouvez rincer les morilles sous l'eau à plusieurs reprises et les égoutter, ou les nettoyer avec un pinceau fin, de façon à ne pas atténuer leur parfum.

Tournedos au foie gras et porto

Prép. : 10 min - Cuiss. : 15 min
4 pers.

4 tournedos d'environ 150 g / 5 cl d'huile / 50 g de beurre / 1 dl de porto / 3 dl de fond brun lié (p. 12) / 4 tranches de foie gras de canard cru d'environ 30 g / Un peu de farine / Sel, poivre.

Assaisonner et faire cuire les tournedos dans l'huile et 20 g de beurre bien chauds. Cuire quelques minutes de chaque côté suivant la cuisson désirée. Dresser les tournedos dans un plat rond et tenir au chaud.

Dégraisser le récipient de cuisson et ajouter le porto et le fond brun. Laisser réduire quelques minutes.

Hors du feu, incorporer 30 g de beurre à l'aide d'un fouet. Vérifier l'assaisonnement.

Fariner et assaisonner les tranches de foie gras et les faire sauter vivement dans une poêle très chaude avec une noisette de beurre (attention, cette opération doit être très rapide, quelques secondes de chaque côté).

Mettre chaque tranche sur un tournedos et napper avec la sauce. Servir aussitôt.

VARIANTE :

Cette préparation est également et plus classiquement appelée « Rossini ». Vous devrez alors dresser chaque tournedos sur un croûton de pain de mie frit et parsemer quelques belles lames de truffe sur les escalopes de foie gras.

Aiguillette de bœuf braisée

Prép. : 50 min - Cuiss. : 2 h ou plus
8 pers.

200 g de lard gras (facultatif) / 2 kg d'aiguillette de bœuf parée / 200 g d'oignons / 200 g de carottes / 1 pied de veau désossé (facultatif) / 1 dl d'huile / 1/2 l de vin blanc / 1 l de fond brun (p. 12) / 1 belle tomate ou 1 cuil. à soupe de concentré de tomates / 3 gousses d'ail / 1 bouquet garni (thym, laurier, persil) / Persil haché / Sel, poivre.

Tailler le lard en petits bâtonnets et en piquer l'aiguillette de bœuf.

Éplucher les légumes et les tailler en gros dés.

Mettre le pied de veau dans un récipient avec de l'eau froide et faire bouillir. Égoutter et réserver.

Faire colorer l'aiguillette sur toutes ses faces, dans l'huile bien chaude. Dégraisser le récipient. Ajouter les oignons et les carottes. Laisser revenir quelques instants puis ajouter le vin blanc et le fond brun. Faire bouillir et ajouter la tomate, l'ail écrasé, le bouquet garni, le sel, le poivre et le pied de veau. Cuire tout doucement sur feu doux ou, mieux, au four, en retournant la pièce de temps en temps.

Au terme de la cuisson, trancher et disposer l'aiguillette sur un plat de service creux. Couper le pied de veau en petits morceaux. Parsemer sur la viande.

Faire réduire la sauce aux trois quarts. Vérifier l'assaisonnement et passer au chinois sur la viande.

Saupoudrer de persil haché et servir bien chaud.

Les bâtonnets de lard gras à l'intérieur de l'aiguillette ont pour but de fondre pendant la cuisson et d'apporter du moelleux à la viande.

Le pied de veau, quant à lui, contient beaucoup de gélatine qui, en fondant, donnera une certaine onctuosité à la sauce.

Filet de bœuf en croûte

Prép. : 45 min - Cuiss. : 30 à 40 min
Repos : 10 min - 8 pers.

1,500 kg de filet de bœuf paré / 5 cl d'huile / 60 g de beurre / 1 kg de pâte feuilletée / 400 g de duxelles de champignons (p. 14) / 1 œuf (dorure) / 5 cl de porto / 4 dl de fond brun lié (p. 12) / Sel, poivre.

Assaisonner et faire rissoler le filet de bœuf dans l'huile et la moitié du beurre bien chauds, sur toutes ses faces. Le retirer et le laisser refroidir.

Étaler la pâte feuilletée (3 à 4 mm d'épaisseur environ) en forme de rectangle assez grand pour enrober complètement le filet.

Étaler la moitié de la duxelles sur le centre de la pâte feuilletée. Poser dessus le filet et le couvrir avec le reste de la duxelles. Enrober ensuite le filet complètement de pâte. Poser délicatement sur une plaque du four. Dorer à l'œuf battu. Décorer éventuellement avec des lanières de pâte feuilletée. Cuire au four à 210 °C (th. 7), pendant 30 à 40 minutes suivant la grosseur du filet. Laisser reposer une dizaine de minutes après cuisson.

Faire réduire quelques minutes le porto et le fond brun. Incorporer 30 g de beurre hors du feu.

Découper le filet en tranches un peu épaisses et dresser sur un plat long.

Servir la sauce en saucière, à part.

Daube provençale

Prép. : 30 min - Marinade : 1 journée -
Cuiss. : 3 à 4 h - 4 pers.

1,200 kg de paleron / 10 bâtonnets de lard gras / 2 gousses d'ail hachées / Persil haché / 1 pied de veau désossé / 3/4 l de vin blanc / 5 cl d'huile d'olive / Couennes de lard / 200 g de carottes / 150 g de champignons de Paris / 200 g d'oignons hachés / 150 g de tomates concassées / 100 g d'olives noires / 1 bouquet garni (persil, thym, laurier, écorce d'orange) / 5 cl d'eau-de-vie / 3/4 l de bouillon de bœuf / Sel, poivre.

Couper les morceaux de bœuf en cubes. Piquer chacun des morceaux avec un bâtonnet de lard roulé dans l'ail et le persil. Les faire mariner avec le pied de veau coupé en morceaux, le vin blanc, l'huile d'olive, le sel, le poivre, pendant 24 heures.

Mettre les couennes dégraissées au fond d'une cocotte. Ajouter les carottes coupées en rondelles puis les morceaux de viande et de pied en alternant avec les champignons émincés, les oignons, les tomates et les olives.

Placer au milieu de la viande le bouquet garni, ajouter le vin de la marinade, l'eau-de-vie et le bouillon de bœuf (juste assez pour couvrir la viande). Faire bouillir sur un feu vif, couvrir le plus hermétiquement possible (entourer le récipient de cuisson au niveau du couvercle d'une pâte réalisée avec de la farine et de l'eau ; cela garantira l'étanchéité durant la cuisson) et cuire à four doux, à 180 °C (th. 6), pendant 3 à 4 heures.

Après cuisson, retirer le bouquet garni. Dégraisser et vérifier l'assaisonnement. Servir aussitôt.

Vous pouvez servir la daube froide et la découper en tranches comme une terrine.

Estouffade de bœuf bourguignonne

Prép. : 30 min - Cuiss. : 3 h
4 pers.

800 g à 1 kg de paleron ou de jumeaux / 5 cl d'huile / 1 oignon / 1 carotte / 30 g de farine / 1/2 l de vin rouge / 1 cuil. à soupe de concentré de tomates / 2 gousses d'ail / 1 bouquet garni (persil, thym, laurier) / 150 g de champignons de Paris / 30 g de beurre / 150 g de petits oignons / Sucre / 100 g de poitrine de porc / Persil haché / Sel, poivre.

Faire dorer le bœuf en gros cubes dans l'huile chaude. Dégraisser et ajouter l'oignon et la carotte taillés grossièrement. Faire revenir puis ajouter la farine. Bien mélanger

Ajouter le vin rouge et de l'eau pour couvrir. Faire bouillir. Ajouter le concentré de tomates, l'ail écrasé, le bouquet garni, le sel et le poivre. Cuire tout doucement, à couvert, pendant 2 heures 30 minutes.

Laver et tailler les champignons en quartiers. Les cuire avec une noisette de beurre. Assaisonner.

Réunir dans une casserole les petits oignons, de l'eau pour les couvrir, du sel, une pincée de sucre, 10 g de beurre. Mettre à cuire jusqu'à complète évaporation de l'eau. Ensuite, laisser quelques minutes sur le feu de manière à obtenir une légère coloration des oignons.

Tailler la poitrine de porc en petits dés et les faire revenir vivement avec un peu d'huile.

Retirer les morceaux de viande de la sauce. Rectifier l'assaisonnement et passer la sauce au chinois.

Dresser la viande avec les champignons, les oignons, les lardons. Verser la sauce. Saupoudrer de persil haché.

Pot-au-feu

Prép. : 30 min - Cuiss. : 3 h à 3 h 30 min
8 pers.

800 g de paleron ou de macreuse / 800 g de gîte-gîte / 1 kg de plat de côtes / Quelques os à moelle / 300 g d'oignons / 1 clou de girofle / 1 bouquet garni (persil, vert de poireau, céleri en branche, thym, laurier) / 3 gousses d'ail / 700 g de carottes / 700 g de navets / 500 g de céleri-rave / 800 g de poireaux / 800 g de pommes de terre / Gros sel.

Ficeler les morceaux de viande. Mettre dans un récipient avec les os à moelle et couvrir d'eau (prévoir un récipient assez large pour contenir tous les ingrédients). Faire bouillir et écumer soigneusement.

Ajouter l'oignon piqué du clou de girofle, le bouquet garni, les gousses d'ail. Assaisonner et laisser cuire très doucement environ 2 heures, en écumant fréquemment.

Éplucher et tailler en gros bâtonnets les carottes, les navets et le céleri. Tronçonner les blancs de poireaux (utiliser le vert pour le bouquet garni). Ajouter ces légumes au pot-au-feu. Laisser cuire environ 30 minutes. Rectifier l'assaisonnement.

Éplucher et tailler les pommes de terre en grosses rondelles et les ajouter au pot-au-feu. Laisser cuire une trentaine de minutes. Vous pouvez également les cuire séparément si vous craignez qu'elles ne cassent.

Au terme de la cuisson, sortir délicatement la viande en prenant soin de ne pas casser les légumes. Trancher et disposer sur un grand plat de service. Disposer les légumes autour en alternant les couleurs. Terminer par les os à moelle. Arroser avec du bouillon bouillant.

Dégraisser et passer au chinois le bouillon restant que vous pouvez servir à part, en soupière.

Accompagner de gros sel, de cornichons, de petits oignons…

Il est possible d'ajouter de la volaille au pot-au-feu ; choisir une poule ou une poularde et diminuer un peu le temps de cuisson.

LE VEAU

Le veau est le petit de la vache, il porte ce nom jusqu'au moment du sevrage.

En France, 2 élevages distincts sont pratiqués :

L'élevage industriel :
Il représente environ 90 % de la production totale française. La sélection génétique est rigoureuse, l'alimentation industrielle.
Cette viande de veau a été fortement dénigrée par les associations de consommateurs qui lui reprochaient un manque de qualité (viande qui donnait beaucoup d'eau à la cuisson) et la présence de nombreux additifs comme les antibiotiques ou les hormones.
En ce qui concerne ce dernier point, l'usage des hormones est interdit dans l'ensemble des pays de la communauté européenne depuis le 1er janvier 1987.
Cependant, depuis quelques années, les éleveurs ont la volonté de produire une viande de meilleure qualité, mieux faite, et avec plus de goût.

L'élevage traditionnel :
Il ne représente que 10 % de la production. C'est un veau qui est nourri exclusivement au lait entier. C'est le fameux veau sous la mère.
Il existe un label créé par les producteurs de veaux sous la mère qui garantit l'origine des animaux et la qualité de l'élevage. Hélas, la production de veaux labellisés de ce type ne dépasse pas 1,2 % des animaux abattus en France.

Conseils d'achat : acheter la viande de veau la plus blanche, avec des reflets irisés et un grain fin et lisse. Son odeur doit être douce et agréable. La graisse doit être blanche et ferme, assez abondante.

CONSERVATION

— Viande fraîche sous film plastique : conservation courte, moins de 5 jours à une température inférieure à 3°.

— Viande surgelée : quelques mois à -18° minimum.

— Viande sous vide : 3 à 4 semaines à 2°.

Remarque : une viande décongelée est beaucoup plus fragile qu'une viande fraîche. Sa consistance est moins ferme, sa couleur est plus foncée. Son utilisation doit être immédiate.

NE JAMAIS RECONGELER UNE VIANDE DÉCONGELÉE

PRINCIPALES RÉGIONS PRODUCTRICES

Le Centre de la France, le Limousin, la Corrèze, la Haute-Vienne, la Normandie.

LE VEAU	Poids/pers.	Principaux morceaux pouvant être utilisés
Escalope	0,150 kg	Tranche fine taillée dans : noix, sous-noix, noix pâtissière, quasi.
Brochette	0,150 kg	Cubes épais taillés dans : noix, sous-noix, noix pâtissière, quasi.
Médaillon	0,150 kg	Tranche épaisse (2 cm) taillée dans : filet mignon.
Grenadin	0,150 kg	Tranche épaisse taillée dans : noix, noix pâtissière.
Côte	0,200 kg	Tranche taillée dans : carré.
Pièce à cuire en « casserole » (rôti)	0,150 kg sans os ; 0,200 kg avec os	Pièce entière pour plusieurs personnes, désossée ou non, taillée, dans : noix, sous-noix, épaule, carré, longe, quasi.
Pièce à braiser	0,200 kg	Pièce entière pour plusieurs personnes taillée dans : sous-noix, quasi, épaule, poitrine, collet, jarret.
Ragoût (viande en sauce) À l'eau (blanquette)	0,200 kg	Gros cubes taillés dans : épaule, poitrine, tendron, collier, haut de côtes, jarret.

Ris de veau braisé au Sauternes

Prép. : 20 min - Repos : 1 nuit
Cuiss. : 40 min - 4 pers.

600 à 800 g de ris de veau parés / 50 g de beurre / 1 petite carotte / 1 oignon / 1 dl de Sauternes / 1 bouquet garni / 1 gousse d'ail / 1 dl de crème fraîche / Sel, poivre.

La veille, nettoyer soigneusement les ris à l'eau froide. Les mettre dans une marmite avec une grande quantité d'eau froide. Faire bouillir quelques minutes. Passer à l'eau froide et égoutter.

Mettre les ris dans un plat, recouvrir avec une assiette et placer un poids d'environ 1 kg. Mettre au frais toute la nuit. Cette opération a pour but d'éliminer une grande partie d'eau et d'impuretés dans les ris et de leur donner une forme régulière.

Faire fondre le beurre et faire revenir les ris doucement sans coloration. Ajouter la carotte et l'oignon taillés finement. Ajouter le Sauternes, le bouquet garni, la gousse d'ail. Assaisonner et cuire doucement au four, à 200 °C (th. 6-7), à couvert.

Retirer les ris et les couper en tranches épaisses. Disposer dans un plat rond. Tenir au chaud.

Ajouter la crème au fond de cuisson et laisser réduire. Rectifier l'assaisonnement et passer au chinois sur les ris.

Rognonnade de veau

Prép. : 15 min - Cuiss. : 1 h
8 pers.

1,400 à 1,600 kg de longe de veau / 2 rognons de veau / 1 gousse d'ail hachée / 1 cuil. à soupe de persil haché / 1 dl d'huile / 50 g de beurre / 5 cl de vin blanc / Sel, poivre.

Faire désosser la longe par votre boucher en lui précisant de laisser la partie de la « bavette » un peu longue. Conserver os et parures.

Dégraisser et couper les rognons en deux dans le sens de la longueur. Retirer entièrement et soigneusement la partie blanche. Les placer à l'intérieur de la longe. Assaisonner et saupoudrer d'ail et de persil hachés. Rouler la longe en utilisant la partie de la bavette pour bien fermer.

Ficeler et placer dans un plat au four avec les os et les parures autour. Verser un filet d'huile, ajouter le beurre en parcelles et faire colorer au four, à 210 °C (th. 7), en arrosant et en retournant la pièce souvent.

Après coloration, verser le vin blanc et terminer la cuisson à couvert plus doucement, à 180 °C (th. 6).

Déficeler, couper la rognonnade en tranches et disposer dans un plat.

Dégraisser le jus de cuisson et passer au chinois. Servir à part, en saucière.

Médaillons de veau chasseur

Prép. : 15 min - Cuiss. : 15 min
4 pers.

200 g de champignons de Paris / 800 g de filet mignon de veau paré / 30 g de farine / 80 g de beurre / 30 g d'échalote hachée / 1 trait de cognac / 5 cl de vin blanc / 2,5 dl de fond brun lié (p. 12) / Estragon / Cerfeuil / Sel, poivre.

Nettoyer, laver et tailler finement les champignons de Paris.

Tailler le filet en quatre tranches épaisses. Les aplatir si besoin est, avec la lame d'un grand couteau (1,5 à 2 cm d'épaisseur). Assaisonner, fariner et cuire les médaillons avec 50 g de beurre moussant. Retourner après coloration légère et terminer la cuisson une dizaine de minutes au four à 200 °C (th. 6-7).

Retirer les médaillons, les tenir au chaud sur un plat rond.

Remettre le récipient sur le feu et ajouter les champignons. Laisser cuire jusqu'à évaporation complète de l'eau de végétation. Assaisonner. Ajouter l'échalote hachée. Flamber au cognac, verser le vin blanc. Laisser réduire puis terminer par le fond brun. Laisser cuire quelques instants.

Hors du feu, ajouter l'estragon et le cerfeuil hachés et le reste de beurre. Remuer pour l'incorporer complètement à la sauce. Rectifier l'assaisonnement et napper les médaillons. Servir aussitôt.

Médaillons de veau aux épinards

Prép. : 15 min - Cuiss. : 10 min
4 pers.

1,200 kg d'épinards / 600 g de filet mignon de veau / 60 g de beurre / 1/4 l de béchamel (p. 16) / 1 jaune d'œuf / 80 g de gruyère râpé / Muscade / Sel, poivre.

Équeuter et laver soigneusement les épinards. Les cuire à l'eau bouillante salée quelques minutes. Passer à l'eau froide, égoutter puis presser pour retirer le maximum d'eau.

Tailler le filet mignon en tranches épaisses (2 cm environ) et les faire dorer quelques minutes de chaque côté avec 30 g de beurre. Assaisonner. Tenir les tranches un peu rosées.

Faire chauffer le reste de beurre dans une sauteuse, ajouter les épinards, remuer et assaisonner. Mettre dans un plat à gratin.

Disposer les médaillons sur les épinards et les napper avec la sauce Béchamel additionnée d'un jaune d'œuf, de 40 g de gruyère râpé et de noix de muscade râpée. Saupoudrer du reste de gruyère et faire gratiner vivement sous le gril du four.

Servir aussitôt.

Osso buco milanaise

Prép. : 15 min - Cuiss. : 1 h 35 min
4 pers.

4 belles tomates / Les zestes d'1 citron et d'1 orange / 4 belles rouelles de jarret de veau / 30 g de farine / 5 cl d'huile d'olive / 1 oignon / 1 carotte / 1 dl de vin blanc / 2 dl de fond brun (p. 12) / 2 gousses d'ail / 1 bouquet garni (thym, laurier, persil) / Persil haché / Sel, poivre.

Tremper les tomates quelques secondes dans l'eau bouillante puis dans l'eau froide. Les éplucher. Les couper en deux, retirer les pépins puis couper en dés.

Faire bouillir 1 minute les zestes dans de l'eau. Égoutter. Hacher finement.

Fariner les rouelles, les assaisonner et les faire dorer dans une cocotte avec de l'huile d'olive.

Tailler l'oignon et la carotte en petits dés et les ajouter aux rouelles. Laisser très légèrement blondir les légumes puis ajouter le vin blanc. Laisser réduire.

Ajouter le fond brun puis les tomates, les zestes, l'ail haché, le bouquet garni et l'assaisonnement. Faire cuire doucement au four avec un couvercle, à 180 °C (th. 6), pendant 1 heure 30 minutes.

Disposer délicatement les rouelles dans un plat creux. Laisser réduire la sauce quelques instants. Rectifier l'assaisonnement et napper. Saupoudrer de persil haché.

Grenadins de veau au céleri

Prép. : 10 min - Cuiss. : 1 h 10 min
4 pers.

4 grenadins de veau / 30 g de beurre / 1/2 carotte / 1/2 oignon / 5 cl de vin blanc / 800 g de céleri-rave / 1 citron / 2,5 dl de sauce tomate (p. 15) / Estragon frais haché / Sel, poivre.

Dans une cocotte, faire revenir les grenadins de veau dans le beurre. Ajouter la carotte et l'oignon taillés en petits dés, faire légèrement colorer et ajouter le vin blanc. Assaisonner et faire cuire à four doux, à couvert, à 180 °C (th. 6), pendant 30 à 40 minutes en arrosant souvent.

Pendant ce temps, éplucher et tailler le céleri en bâtonnets. Bien le citronner pour qu'il ne noircisse pas. Cuire à l'eau bouillante salée ou mieux, à la vapeur.

Au terme de la cuisson de la viande, retirer les grenadins dans un plat, ajouter la sauce tomate, laisser cuire quelques minutes. Rectifier l'assaisonnement et passer au chinois.

Disposer le céleri autour des grenadins et napper avec la sauce. Saupoudrer avec un peu d'estragon haché.

Côtes de veau aux endives

Prép. : 10 min - Cuiss. : 15 min
4 pers.

4 côtes de veau / 30 g de farine / 30 g de beurre / 5 cl d'huile / 50 g de poitrine de porc salée / 4 belles endives / Le jus d'1/2 citron / 2 dl de crème fraîche / Persil haché / Sel, poivre.

Assaisonner, fariner et faire dorer les côtes dans une sauteuse avec le beurre et l'huile. Cuire une dizaine de minutes. Retirer et tenir au chaud.

Dégraisser la sauteuse et ajouter la poitrine de porc taillée en très petits lardons. Faire revenir quelques secondes puis ajouter les endives émincées finement. Assaisonner, ajouter le jus de citron et laisser cuire 5 minutes.

Verser la crème et laisser réduire.

La sauce doit napper la cuillère. Rectifier l'assaisonnement et napper les côtes. Saupoudrer de persil haché.

Côtes de veau sautées à la tomate et aux olives

Prép. : 10 min - Cuiss. : 30 min
4 pers.

400 g de tomates / 1 oignon / 3 cl d'huile d'olive / 1 bouquet garni (persil, thym, laurier) / 2 gousses d'ail / Sucre / 50 g d'olives noires / 4 côtes de veau / 30 g de farine / 5 cl d'huile / 30 g de beurre / 5 cl de vin blanc / Persil haché / Sel, poivre.

Réaliser la concassée de tomates (p. 14).

Dénoyauter les olives, les faire bouillir quelques secondes dans l'eau. Égoutter.

Assaisonner, fariner et cuire les côtes quelques minutes de chaque côté dans l'huile et le beurre chauds.

Disposer les côtes sur un plat rond. Dégraisser le récipient, ajouter le vin blanc. Laisser réduire. Ajouter la concassée de tomates, le persil haché, les olives. Cuire quelques secondes. Rectifier l'assaisonnement.

Napper les côtes, saupoudrer de persil haché.

Escalope de veau grillée, beurre maître d'hôtel

Prép. : 10 min - Cuiss. : 5 min
4 pers.

80 g de beurre / Le jus d'1/2 citron / 1 cuil. à soupe de persil haché / 4 escalopes de veau fines / 30 g de farine / 5 cl d'huile / Sel, poivre.

Malaxer le beurre en pommade, ajouter le jus de citron, le persil haché, le sel et le poivre. Bien mélanger et former des petites quenelles à l'aide de deux cuillères à café. Les poser sur un film plastique et réserver au frais.

Fariner, assaisonner et huiler les escalopes. Les faire griller vivement quelques minutes de chaque côté.

Disposer sur un plat long et poser une quenelle de beurre sur chaque escalope. Servir aussitôt.

Escalopes de veau au gratin

Prép. : 20 min - Cuiss. : 10 min
4 pers.

4 escalopes de veau / 30 g de farine / 5 cl d'huile / 20 g de beurre / 5 cl de vin blanc / 150 g de duxelles de champignons (p. 14) / 2 dl de sauce tomate (p. 15) / 1 cuil. à soupe de persil haché / 30 g de chapelure / 20 g de beurre fondu / Sel, poivre.

Assaisonner, fariner et faire cuire quelques minutes de chaque côté les escalopes dans l'huile et le beurre moussants.

Disposer les escalopes dans un plat à gratin beurré.

Dégraisser le récipient de cuisson et ajouter le vin blanc. Laisser réduire, ajouter la duxelles, la sauce tomate et le persil haché. Cuire quelques secondes. Rectifier l'assaisonnement et napper les escalopes.

Saupoudrer de chapelure, arroser d'un peu de beurre fondu et passer vivement sous le gril du four bien chaud. Servir aussitôt.

Escalopes de veau aux champignons et à la crème

Prép. : 10 min
Cuiss. : 15 min - 4 pers.

150 g de champignons de Paris / 4 escalopes de veau / 30 g de farine / 5 cl d'huile / 30 g de beurre / 5 cl de porto / 2,5 dl de crème fraîche / Sel, poivre.

Nettoyer, laver et émincer finement les champignons.

Assaisonner et fariner les escalopes. Les cuire quelques minutes de chaque côté, dans l'huile et le beurre chauds. Retirer et disposer dans un plat long. Tenir au chaud.

Dégraisser le récipient de cuisson. Ajouter les champignons. Cuire jusqu'à complète évaporation de l'eau de végétation.

Ajouter le porto. Laisser réduire et verser la crème. Laisser réduire. La sauce doit napper la cuillère.

Rectifier l'assaisonnement et napper les escalopes. Servir aussitôt.

Escalopes de veau cordon-bleu

Prép. : 20 min - Cuiss. : 10 min
4 pers.

4 escalopes de veau un peu épaisses / 4 petites tranches de jambon blanc / 4 tranches de gruyère fines / 30 g de farine / 1 œuf / 100 g de chapelure / 5 cl d'huile / 30 g de beurre / Sel, poivre.

Ouvrir les escalopes en portefeuille à l'aide d'un couteau à lame flexible. Insérer entre les deux morceaux une tranche de jambon et une tranche de gruyère. Bien refermer les escalopes et les passer dans la farine puis dans l'œuf battu salé et poivré, et enfin dans la chapelure.

Appuyer sur les escalopes avec la paume de la main de manière à bien faire adhérer la chapelure et également à souder les bords.

Cuire les escalopes environ 5 minutes de chaque côté dans l'huile et le beurre moussants.

Dresser les escalopes bien dorées sur un plat et servir aussitôt.

Escalopes de veau milanaise

Prép. : 20 min - Cuiss. : 10 min
4 pers.

4 escalopes de veau / 30 g de farine / 1 œuf / 100 g de chapelure / 15 g de parmesan râpé / 50 g de champignons de Paris / 50 g de jambon blanc / 20 g de truffe (facultatif) / 50 g de beurre / 5 cl de madère / 2,5 dl de fond brun lié (p. 12) / 1 dl d'huile / Sel, poivre.

Assaisonner les escalopes puis les passer dans la farine, ensuite dans l'œuf battu et dans la chapelure mélangée au parmesan. Bien appuyer à l'aide d'une lame de couteau large pour faire adhérer la chapelure.

Nettoyer et laver les champignons.

Tailler en petits bâtonnets le jambon, les champignons, la truffe, et faire revenir doucement dans 20 g de beurre.

Ajouter le madère, laisser réduire, puis ajouter le fond. Cuire quelques secondes et réserver au chaud.

Cuire les escalopes dans l'huile et le beurre restant, moussants, quelques minutes de chaque côté.

Verser la sauce au fond d'un plat long, puis disposer les escalopes. Servir aussitôt.

Ces escalopes s'accompagnent traditionnellement de spaghettis au beurre et de parmesan.

Piccata de veau aux aubergines et poivrons rouges

Prép. : 15 min - Cuiss. : 25 min
4 pers.

1 petit oignon / 1 poivron rouge moyen / 5 cl d'huile d'olive / 1 tomate / 1 bouquet garni (persil, thym, romarin) / 8 petites escalopes d'environ 80 g / 50 g de farine / 50 g de beurre / 8 rondelles d'aubergines / Sel, poivre.

Tailler finement l'oignon et le poivron. Faire revenir sans coloration dans l'huile d'olive quelques instants en remuant. Ajouter la tomate coupée en quartiers, le bouquet garni, l'assaisonnement. Laisser cuire sur le coin du feu doucement pendant 15 minutes. Ajouter un peu d'eau en cours de cuisson si la réduction est trop importante.

Retirer le bouquet garni et passer au mixer. Rectifier la consistance et l'assaisonnement.

Assaisonner, fariner puis faire cuire les escalopes avec 30 g de beurre moussant.

Procéder de même pour les tranches d'aubergines.

Dresser les piccatas sur un plat rond en alternant 2 tranches de viande et 2 rondelles d'aubergines. Entourer avec la sauce aux poivrons.

Croustillant de veau à l'oseille

Prép. : 20 min - Cuiss. : 20 min
4 pers.

250 g de champignons de Paris / 50 g de beurre / 30 g d'échalote hachée / 1 cuil. à soupe de persil haché / 1 bottillon de feuilles d'oseille / 8 petites escalopes de veau pas trop fines / 4 feuilles de riz / Lait / 1 œuf / 1 dl d'huile / Sel, poivre.

Nettoyer, laver et émincer les champignons. Les faire revenir dans une poêle avec 20 g de beurre, l'échalote et le persil. Assaisonner.

Plonger les feuilles d'oseille quelques secondes dans de l'eau bouillante puis dans l'eau froide.

Faire dorer les escalopes sans les cuire complètement dans une poêle avec le reste de beurre. Assaisonner.

Dans un moule à tartelette, mettre une feuille de riz trempée dans du lait. Disposer en alternant une escalope, les champignons, terminer par les feuilles d'oseille. Refermer soigneusement la feuille de riz en soudant avec un peu d'œuf battu.

Démouler et faire colorer à la poêle dans l'huile bien chaude. Terminer la cuisson au four une dizaine de minutes, à 200 °C (th. 6-7).

Servir ces délicieux croustillants avec une salade mélangée à l'huile d'olive relevée d'un peu d'échalote.

Paupiettes de veau au cognac

Prép. : 30 min - Cuiss. : 30 min
4 pers.

150 g d'épaule de veau entièrement dégraissée et dénervée / 1 dl de crème fraîche / 1 blanc d'œuf / 4 escalopes larges et très fines / 30 g de beurre / 5 cl de cognac / 2 dl de fond brun lié (p. 12) / Sel, poivre.

Préparer la farce : couper l'épaule de veau en morceaux et les placer au congélateur, avec la crème, une dizaine de minutes.

Hacher très finement ensuite la viande au robot avec le sel, le poivre, le blanc d'œuf. Toujours dans le robot, incorporer progressivement la crème fraîche froide.

Répartir la farce au centre des quatre escalopes et envelopper. Ficeler délicatement.

Faire rissoler les paupiettes dans le beurre moussant. Flamber au cognac et terminer la cuisson au four, à 200 °C (th. 6-7), en arrosant souvent.

Retirer les paupiettes, les déficeler et ajouter le fond. Laisser cuire quelques minutes. Rectifier l'assaisonnement.

Napper les paupiettes avec la sauce passée au chinois. Servir aussitôt.

Noix de veau au basilic

Prép. : 10 min - Cuiss. : 10 min
4 pers.

600 g de noix de veau / 1 dl d'huile d'olive / 4 dl de sauce tomate (p. 15) / 1 petit bouquet de basilic / Sel, poivre.

Détailler la noix de veau en lanières (1 cm sur 5 cm de longueur).

Faire chauffer l'huile d'olive dans une sauteuse et faire rapidement dorer en plusieurs fois. Réserver les morceaux au chaud.

Verser la sauce tomate dans la sauteuse, cuire quelques minutes. Rectifier l'assaisonnement et ajouter le basilic haché.

Remettre les lanières de veau dans la sauce et mélanger délicatement. Servir brûlant.

Accompagner ce plat de grosses pâtes au beurre en couronne et disposer la viande au centre.

Papillote de veau aux courgettes et pommes de terre

Prép. : 15 min - Cuiss. : 30 min
4 pers.

50 g d'oignons / 300 g de courgettes / 300 g de pommes de terre / 4 tranches de noix de veau épaisses mais petites / 30 g de beurre / 1 dl de crème fraîche / Persil haché / Sel, poivre.

Éplucher les légumes. Couper finement les oignons, les courgettes et les pommes de terre. Les plonger dans de l'eau bouillante salée pendant 10 minutes. Passer sous l'eau froide et égoutter.

Faire colorer vivement les 4 tranches de veau sans finir la cuisson.

Beurrer 4 rectangles de papier d'aluminium. Disposer au centre une tranche de veau et les légumes mélangés autour. Assaisonner et fermer les papillotes. Cuire au four à 210 °C (th. 7), pendant une vingtaine de minutes.

Servir dès la fin de la cuisson, accompagné d'une crème assaisonnée et additionnée de persil avec laquelle vous arroserez les légumes.

Noix de veau Orloff

Prép. : 40 min - Cuiss. : 1 h 10 min
4 pers.

800 g de noix de veau parée / 5 cl d'huile / 50 g de beurre / 50 g de carotte / 50 g d'oignon / 5 cl de vin blanc / 3 dl de fond brun lié (p. 12) / 1 bouquet garni (persil, thym, laurier) / 200 g d'oignons hachés / 300 g de duxelles de champignons (p. 14) / 1/4 l de béchamel (p. 16) / 50 g de gruyère râpé / Sel, poivre.

Faire colorer la noix de veau au four avec 5 cl d'huile et 30 g de beurre, à 210 °C (th. 7). Ajouter la carotte et l'oignon coupés en dés. Laisser colorer légèrement et ajouter le vin blanc, le fond, le bouquet garni et l'assaisonnement. Laisser cuire doucement à couvert pendant environ 40 minutes. Arroser fréquemment.

Cuire pendant 15 à 20 minutes les oignons hachés tout doucement avec le reste de beurre, du sel, du poivre et un peu d'eau. Passer au mixer.

Mélanger la moitié de cette purée d'oignons avec la duxelles, l'autre moitié avec la béchamel.

Détailler la noix en tranches fines au terme de la cuisson. Tartiner chaque tranche de duxelles.

Superposer et reconstituer la noix sur un plat de service. Napper avec la béchamel aux oignons. Saupoudrer de gruyère râpé et passer à four chaud quelques instants pour gratiner.

Entourer le plat avec le fond de cuisson dégraissé et passé au chinois. Servir le reste en saucière.

Blanquette de veau à l'ancienne

Prép. : 30 min - Cuiss. : 1 h 25 min
4 pers.

800 g d'épaule de veau / 1 oignon / 1 clou de girofle / 1 carotte / 1 bouquet garni (persil, thym, laurier, 1 poireau, 1 feuille de céleri) / 2 gousses d'ail / 100 g de petits oignons / 50 g de beurre / Quelques gouttes de jus de citron / 150 g de champignons de Paris / 30 g de farine / 1 dl de crème fraîche / 1 jaune d'œuf / Sucre / Sel, poivre.

Tailler l'épaule en cubes. Mettre dans une marmite, couvrir d'eau et faire bouillir. Égoutter, rincer la viande à l'eau froide puis la remettre dans la marmite. Couvrir de nouveau d'eau froide. Ajouter l'oignon piqué du clou de girofle, la carotte, le bouquet garni et l'ail. Assaisonner. Faire bouillir puis laisser frémir environ 1 heure.

Couvrir les petits oignons d'eau. Ajouter 10 g de beurre, du sel, une pincée de sucre, et faire cuire jusqu'à complète évaporation de l'eau.

Réunir quelques gouttes de jus de citron, 5 cl d'eau, 10 g de beurre, du sel et du poivre. Faire bouillir et ajouter les champignons coupés en quartiers. Cuire une dizaine de minutes.

Préparer le roux blanc en faisant fondre le reste de beurre. Ajouter la farine. Remuer et laisser cuire quelques secondes.

Séparer la viande des légumes. Mesurer 1/2 l environ de bouillon et verser sur le roux en remuant avec un fouet. Porter à ébullition et laisser cuire 5 minutes. Rectifier l'assaisonnement.

Hors du feu, ajouter la crème fraîche et le jaune d'œuf mélangés. La sauce ne doit plus bouillir.

Passer au chinois sur la viande, ajouter les petits oignons et les champignons égouttés. Servir aussitôt.

Collet de veau au curry

Prép. : 15 min - Macération : 1 h
Cuiss. : 1 h à 1 h 30 min - 4 pers.

100 g de noix de coco râpée / 800 g à 1 kg de collet de veau désossé / 5 cl d'huile / 1 oignon haché / 30 g de farine / 2 cuil. à soupe de curry / 1/2 banane / 1/2 pomme / 1/2 courgette / 1 tomate épluchée et épépinée / 1 dl de crème fraîche / Sel, poivre.

Faire tiédir 1 l d'eau et ajouter la noix de coco. Laisser macérer environ 1 heure puis passer au chinois.

Détailler le collet en gros cubes. Faire colorer légèrement dans l'huile chaude, ajouter l'oignon haché. Cuire quelques secondes. Saupoudrer de farine et de curry. Mélanger et ajouter le lait de coco. Assaisonner. Faire bouillir en remuant et terminer la cuisson au four à 200 °C (th. 6-7).

30 minutes avant la fin de la cuisson, ajouter la banane, la pomme, la courgette et la tomate taillées en petits dés ou hachées pas trop fins. Verser la crème et terminer la cuisson.

Disposer les morceaux de viande dans un plat creux. Vérifier la consistance de la sauce et l'assaisonnement. Verser sur la viande et servir brûlant.

Il faut être prudent dans l'utilisation de la poudre de curry. Certains currys sont très forts, d'autres non. La qualité varie avec la marque et le pays d'origine. La quantité proposée dans cette recette n'est qu'approximative, il faut l'ajuster à son goût.

Épaule de veau en cocotte bonne femme

Prép. : 20 min - Cuiss. : 1 h
4 pers.

800 g d'épaule de veau dégraissée / 20 g de beurre / 5 cl d'huile / 80 g de poitrine de porc fumée / 1 oignon / 150 g de champignons de Paris / 800 g de pommes de terre / Persil haché / Sel, poivre.

Tailler l'épaule de veau en 8 morceaux et les faire revenir avec le beurre et l'huile dans une cocotte assez grande pour contenir tous les éléments. Assaisonner et cuire à four doux, à 180 °C (th. 6), avec un couvercle, pendant une trentaine de minutes.

Tailler la poitrine de porc en lardons et les faire rissoler avec un peu d'huile dans une poêle. Ajouter l'oignon taillé en petits dés. Laisser légèrement colorer. Retirer, dégraisser et cuire les champignons nettoyés, lavés et taillés en quartiers.

Éplucher les pommes de terre, les faire rissoler à la poêle avec de l'huile une quinzaine de minutes.

Mélanger les champignons et les lardons avec les pommes de terre et disposer autour des morceaux de veau. Assaisonner. Terminer la cuisson au four 15 minutes.

Saupoudrer de persil haché et servir brûlant.

Sauté de veau à la tomate

Prép. : 15 min - Cuiss. : 1 h à 1 h 30 min
4 pers.

800 g à 1 kg d'épaule de veau / 5 cl d'huile / 1 carotte / 1 oignon / 30 g de farine / 2 cuil. à soupe de concentré de tomates / 1 dl de vin blanc / 1 bouquet garni (persil, thym, laurier) / 2 gousses d'ail / Persil haché / Sel, poivre.

Tailler l'épaule de veau en cubes. Faire colorer dans l'huile chaude.

Ajouter la carotte et l'oignon taillés en morceaux. Laisser légèrement colorer, saupoudrer avec la farine. Ajouter le concentré de tomate. Remuer à l'aide d'une spatule en bois.

Verser le vin blanc et compléter le mouillement avec de l'eau de manière à couvrir les morceaux. Ajouter le bouquet garni, l'ail écrasé, l'assaisonnement. Faire bouillir en remuant et terminer la cuisson au four à 200 °C (th. 6-7), à couvert.

Retirer les morceaux. Faire réduire la sauce si besoin est. Rectifier l'assaisonnement et passer au chinois sur les morceaux de veau.

Dresser en plat creux et saupoudrer de persil haché.

Poitrine de veau farcie

Prép. : 30 min - Cuiss. : 1 h 30 min à 2 h
8 pers.

200 g de pain rassis / Lait / 150 g de champignons / 100 g d'oignons hachés / 50 g de beurre / 1 gousse d'ail hachée / 2 cuil. à soupe de persil haché / 5 cl de crème fraîche / 400 g de chair de veau bien dégraissée et dénervée / 2 œufs / 1,200 kg de poitrine de veau désossée / 5 cl d'huile / 4 dl de fond brun lié (p. 12) / Muscade / Sel, poivre.

Mettre le pain rassis à tremper dans du lait.

Nettoyer, laver et tailler les champignons en petits dés.

Faire revenir les oignons avec 20 g de beurre. Ajouter les champignons, l'ail, le persil, et faire cuire jusqu'à complète évaporation de l'eau de cuisson. Ajouter la crème fraîche et faire réduire quelques secondes. Laisser refroidir.

Hacher la viande dans un robot très finement. Ajouter le pain bien égoutté et pressé. Mettre dans un saladier.

Mélanger à l'aide d'une spatule la viande, les œufs et les légumes. Assaisonner de sel, de poivre et de noix de muscade râpée.

Ouvrir la poitrine de bout en bout, dans la longueur et au milieu de son épaisseur, de manière à former une poche. Remplir celle-ci avec la farce. Fermer la poche et ficeler soigneusement.

Mettre la poitrine à rôtir dans une plaque avec l'huile et le reste de beurre. Assaisonner et cuire au four 1 heure 30 minutes à 2 heures suivant l'épaisseur de la pièce, à 200 °C (th. 6-7) puis à 180 °C (th. 6). Arroser fréquemment pendant la cuisson.

Dégraisser la plaque après cuisson et ajouter le fond. Laisser réduire quelques minutes. Rectifier l'assaisonnement et passer au chinois.

Couper la poitrine en tranches. Dresser sur un plat.

Servir la sauce à part, en saucière.

Vous pouvez remplacer le maigre de veau de la farce par de la chair à saucisse. Et si vous ne disposez pas de robot, demandez à votre boucher de hacher la viande pour vous.

Brochettes de veau à la crème de lentilles

Prép. : 15 min - Cuiss. : 1 h 45 min
4 pers.

200 g de lentilles / 1 l de fond blanc (p. 13) ou d'eau / 1 carotte / 2 oignons / 1 bouquet garni (persil, thym, laurier) / 2 gousses d'ail / 150 g de poitrine de porc fumée / 800 g de quasi de veau / 1 dl d'huile / Sauge hachée / 50 g de beurre / Sel, poivre.

Faire bouillir les lentilles 2 minutes dans une grande quantité d'eau. Passer à l'eau froide puis égoutter. Remettre les lentilles en cuisson avec le fond blanc, la carotte, 1 oignon, le bouquet garni, l'ail, les couennes de la poitrine fumée. Cuire doucement à couvert. Ne saler qu'à mi-cuisson.

Tailler l'oignon restant en quartiers et cuire à l'eau salée 5 minutes. Égoutter.

Tailler le quasi de veau en gros dés et la poitrine de porc en lardons assez fins.

Garnir les brochettes en alternant veau, oignon et poitrine. Arroser d'un filet d'huile et saupoudrer de sauge hachée. Laisser mariner quelques minutes.

Retirer le bouquet garni et les couennes des lentilles. Passer au mixer à grande vitesse. Ajouter le beurre. Rectifier la consistance en ajoutant un peu d'eau et l'assaisonnement. Tenir au chaud.

Faire griller doucement les brochettes quelques minutes de chaque côté. Assaisonner.

Disposer sur un plat long et servir la crème de lentilles en saucière, à part.

LE PORC

Si, tout au long de notre histoire, le porc a été notre fournisseur essentiel de viande et a marqué fortement l'alimentation dans nos campagnes, aujourd'hui les conditions d'élevage du porc ont fortement évolué, la production intensive et industrialisée a fait place à l'élevage artisanal.

De plus, la sélection et l'amélioration des races permettent d'obtenir des animaux rustiques ayant une qualité de viande excellente et une bonne conformation avec peu de gras. Autrefois, les porcs étaient essentiellement élevés pour leur graisse, il n'en va plus de même aujourd'hui.

Le porc se consomme frais mais sa chair est particulièrement utilisée pour des transformations telles que les charcuteries, sans oublier les salaisons et les fumaisons.

Si ces merveilleuses cochonnailles dont la variété et la succulence sont sans égal dans de nombreuses provinces françaises, l'utilisation du porc en cuisine n'a jamais pu acquérir ses lettres de noblesse, à l'inverse du bœuf ou du veau.

Voici les 5 principales races qui dominent la production en France :

— le Large white (la plus répandue)
— la landrace française
— la landrace belge
— la race de Hampshire
— le Blanc de l'ouest

Le cochon de lait : il est âgé de 5 à 6 semaines et pèse environ 10 kg.

Le porc charcutier : 5 à 6 mois et pèse 90 à 115 kg.

La viande du verrat et de la truie (reproducteurs) est rarement utilisée car sa qualité est médiocre. Elle sert principalement en charcuterie.

Conseils d'achat : la viande de porc doit être ferme et rose, sans trace d'humidité. Le grain doit être fin et lisse. Enfin, la graisse bien blanche est assez abondante.

CONSERVATION

— Viande fraîche sous film : 4 à 5 jours à 3° maximum.

— Viande sous vide : 4 à 5 semaines à 2°.

— Viande surgelée : quelques mois à -18° minimum.

VIANDE DE PORC ET GRAISSE

De toutes les viandes de boucherie, la viande de porc est la plus grasse ; avec 70 % de graisse, le lard arrive en tête, suivi par la poitrine, 45 %, puis les côtes 30 %.

Notons tout de même que le jambon dégraissé et découenné est considéré comme une viande maigre avec seulement 7 % de graisse.

LE PORC	Poids/pers.	Principaux morceaux pouvant être utilisés
Côte	0,200 kg	Tranche taillée dans le carré, l'échine.
Grillade	0,150 kg	Tranche fine taillée dans la noix de jambon, la noix pâtissière.
Médaillons	0,150 kg	Tranches épaisses taillées dans le filet mignon.
Brochettes	0,150 kg	Cubes épais taillés dans le filet mignon, l'échine, la noix de jambon.
Pièces à rôtir	0,150 kg sans os ; 0,200 kg avec os	Filet mignon, échine.
« **En casserole** »	0,150 kg sans os ; 0,200 kg avec os	Épaule, carré, échine.
Salaison	0,150 kg sans os ; 0,200 kg avec os	Jambon, échine, palette, jarret, jambonneaux, poitrine…

Travers de porc grillés à l'américaine

Prép. : 5 min - Marinade : 3 à 4 h
Cuiss. : 20 à 30 min - 4 pers.

1 dl d'huile / 800 g à 1 kg de travers de porc / Ketchup / Harissa / Sel, poivre.

Mélanger et assaisonner l'huile suivant votre goût.

Enduire les travers de porc à l'aide d'un pinceau et laisser mariner quelques heures.

Faire griller sur un barbecue, à chaleur moyenne. Retourner et arroser souvent avec la marinade.

Couper les travers et servir croustillant.

Brochettes de porc aux pruneaux

Prép. : 15 min - Marinade : 30 min
Cuiss. : 15 min - 4 pers.

8 pruneaux / 8 demi-tranches de poitrine de porc très fines / 600 g d'échine de porc désossée / 20 g d'échalote hachée / 5 cl d'huile d'arachide / Noix de muscade râpée / Sel, poivre de Cayenne.

Dénoyauter les pruneaux et découenner les demi-tranches de poitrine.

Tailler l'échine de porc en cubes.

Faire mariner le tout avec l'échalote, l'huile, le poivre, la noix de muscade.

Égoutter les éléments, envelopper les pruneaux avec les tranches de poitrine.

Enfiler sur des brochettes en alternant pruneaux et viande. Assaisonner de sel et faire griller à feu moyen quelques minutes de chaque côté.

Échine de porc en fricassée au chou vert

Prép. : 30 min - Cuiss. : 1 h 40 min
4 pers.

800 g de chou vert / 150 g d'oignons / 150 g de poitrine de porc fumée / 60 g de beurre / 800 g d'échine désossée / 30 g de farine / 1/2 l de fond blanc (p. 13) / 1 bouquet garni (persil, thym, laurier) / 1 dl de crème / Sel, poivre.

Laver et tailler les feuilles de chou en grosses lanières. Les faire blanchir.

Faire revenir sans coloration la moitié des oignons hachés et la poitrine de porc détaillée en lardons avec 30 g de beurre. Ajouter les feuilles de chou, 5 cl d'eau. Assaisonner et cuire à couvert, à four doux, à 200 °C (th. 6-7).

Tailler l'échine en gros cubes et faire revenir dans le reste de beurre pas trop chaud afin d'éviter la coloration de la viande. Ajouter le reste des oignons. Cuire quelques secondes sans coloration.

Saupoudrer avec la farine. Mélanger et ajouter le fond blanc qui doit juste recouvrir les morceaux de viande. Faire bouillir en remuant. Assaisonner et ajouter le bouquet garni. Terminer la cuisson sur feu doux ou mieux, au four.

Retirer les morceaux de viande et le chou. Les tenir au chaud dans un plat creux. Ajouter la crème à la sauce et faire réduire quelques minutes. Rectifier l'assaisonnement et passer au chinois sur les morceaux de viande.

Terminer en entourant le plat avec les lanières de chou bien égouttées, parsemées des lardons.

Filet mignon à l'ananas

Prép. : 15 min - Cuiss. : 10 min
4 pers.

800 g de filet mignon de porc paré / 1/2 ananas frais / 30 g de beurre / 25 g de sucre semoule / 5 cl de vinaigre d'alcool / 25 cl de fond brun lié (p. 12) / 2,5 cl de kirsch / Sel, poivre.

Couper le filet mignon en gros cubes de 2 cm environ.

Éplucher et couper l'ananas en quartiers puis en tranches.

Assaisonner et faire cuire le filet mignon dans le beurre chaud en plusieurs fois. Retirer et tenir au chaud. Dans le même récipient, faire cuire et légèrement colorer les quartiers d'ananas. Débarrasser avec les morceaux de viande.

Dégraisser le récipient et ajouter le sucre et le vinaigre. Faire réduire à sec. Ajouter le fond et laisser cuire quelques minutes.

Vérifier l'assaisonnement, verser le kirsch et passer au chinois sur la viande et l'ananas. Remuer délicatement et servir aussitôt.

Côtes de porc sautées aux pommes

Prép. : 15 min - Cuiss. : 20 min
4 pers.

4 pommes acides / 80 g de beurre / 4 côtes de porc / 5 cl de calvados / 20 cl de fond brun lié (p. 12) / 5 cl de crème épaisse / Sel, poivre.

Éplucher et tailler les pommes en quatre. Les faire cuire, en les laissant légèrement colorer, dans une poêle antiadhésive, avec 30 g de beurre.

Assaisonner et cuire les côtes dans le reste du beurre moussant. Cuire environ 5 minutes de chaque côté, en tenant compte de l'épaisseur des pièces. La viande doit être bien cuite mais pas sèche, sinon elle devient filandreuse.

Débarrasser, au terme de la cuisson, sur un plat de service, et entourer avec les quartiers de pommes.

Dans le récipient de cuisson, ajouter le calvados puis le fond brun. Laisser cuire quelques minutes et ajouter la crème. Faire réduire pour que la sauce épaississe un peu.

Retirer du feu. Vérifier l'assaisonnement et napper les côtes. Servir aussitôt.

Médaillons de porc en papillote au gingembre

Prép. : 15 min - Cuiss. : 10 min
4 pers.

800 g de filet mignon de porc paré / Huile / 30 g de beurre / 5 cl de xérès / 50 g d'oignons hachés / 1 cuil. à soupe de gingembre haché / Sel, poivre.

Tailler le filet mignon en tranches régulières d'environ 1 cm d'épaisseur.

À l'aide d'un pinceau, huiler 4 rectangles de papier sulfurisé.

Faire colorer les deux faces des médaillons de porc dans le beurre moussant, quelques secondes seulement.

Répartir les médaillons au centre des feuilles de papier. Les arroser avec le xérès. Ajouter les oignons, le gingembre et l'assaisonnement. Fermer la papillote en plissant le papier tout autour.

Enfourner à four chaud, à 220 °C (th. 7-8), pendant 10 minutes.

Servir les papillotes bien gonflées, dès la sortie du four, sur les assiettes.

Jarret de porc aux lentilles

Prép. : 20 min - Cuiss. : 2 h 10 min
4 pers.

4 petits jarrets de porc salés / 1 l de fond blanc (p. 13) / 1 carotte / 1 oignon / 1 clou de girofle / 2 gousses d'ail / 1 bouquet garni / 600 g de lentilles / Sel, poivre.

Mettre les jarrets dans une marmite assez grande pour contenir tous les éléments. Les couvrir avec le fond blanc ou de l'eau. Faire cuire doucement pendant environ 1 heure 30 minutes.

Ajouter ensuite la carotte, l'oignon piqué d'un clou de girofle, l'ail et le bouquet garni.

Bien laver les lentilles et les faire blanchir. Les ajouter aux jarrets et poursuivre la cuisson 30 à 40 minutes. Assaisonner.

Retirer les jarrets dans un plat creux. Recouvrir avec les lentilles légèrement égouttées. Servir aussitôt.

Noix de jambon fumée en croûte

Prép. : 20 min - Cuiss. : 1 h
4 pers.

600 g de noix de jambon fumée / 500 g de pâte feuilletée / Moutarde / 1 œuf.

Faire pocher la noix de jambon dans de l'eau frémissante environ 30 minutes. Laisser refroidir après cuisson.

Étendre la pâte, poser la noix dessus et badigeonner de moutarde à l'aide d'un pinceau. Dorer la pâte à l'œuf et enfermer la noix en soudant bien les bords.

Retourner la pièce sur une plaque. Placer la soudure dessous. Dorer à l'œuf.

Mettre à four chaud, à 210 °C (th. 7), et laisser cuire environ 30 minutes. Réduire le four à mi-cuisson.

Servir dès la sortie du four.

Palette à la diable

Prép. : 15 min - Cuiss. : 1 h
4 pers.

1 palette salée désossée (600 à 800 g) / 2 cuil. à soupe de moutarde / 2 cuil. à soupe de persil haché / 50 g de beurre / 1 dl de vin blanc / 2 dl de fond brun (p. 12) / Poivre.

Poivrer la palette et l'enrober d'un mélange de moutarde et de persil à l'aide d'un pinceau. Placer dans un plat allant au four, avec le beurre en parcelles.

Faire rôtir au four à 180-200 °C (th. 6-7), en arrosant souvent. Le temps de cuisson, 1 heure en moyenne, dépend de l'épaisseur de la pièce.

15 minutes avant la fin de la cuisson, ajouter le vin blanc et le fond.

Couper la palette en tranches fines et servir la sauce à part en saucière.

Épaule de porc fumée aux légumes à la vapeur

Prép. : 15 min - Cuiss. : 1 h
4 pers.

4 petits poireaux / 300 g de carottes / 300 g de céleri-rave / 300 g de pommes de terre / 500 g d'épaule de porc fumée désossée / Environ 2 l de fond blanc (p. 13) / 1 dl de crème fraîche liquide / 1 cuil. à soupe de moutarde à l'ancienne / Persil haché / Sel, poivre.

Éplucher tous les légumes et les tailler en gros bâtonnets de 5 à 6 cm de longueur. Les placer au deuxième niveau d'un cuiseur à vapeur à deux niveaux, sauf les pommes de terre.

Au premier niveau du cuiseur à vapeur, mettre l'épaule de porc et couvrir avec le fond blanc. Faire bouillir une dizaine de minutes.

Mettre le deuxième niveau avec les légumes. Assaisonner et laisser cuire 20 minutes.

Ajouter les pommes de terre. Terminer la cuisson.

Mélanger la crème avec la moutarde. Assaisonner.

Sortir l'épaule et la couper en tranches fines. Disposer viande et légumes saupoudrés largement de persil haché dans deux plats différents, ainsi que la crème en saucière. Servir aussitôt.

Filet de porc aux navets et petits oignons

Prép. : 15 min - Cuiss. : 1 h
4 pers.

500 g de filet de porc désossé et ficelé / 50 g de beurre / 1/2 oignon / 1/2 carotte / 1 gousse d'ail hachée / 1 bouquet garni (persil, thym, laurier) / 5 cl de vin blanc / 150 g de petits oignons / 600 g de petits navets nouveaux / Persil haché / Sucre / Sel, poivre.

Mettre le filet à four chaud à 250 °C (th. 8-9) avec 30 g de beurre. Bien faire colorer toutes les faces en arrosant souvent.

Tailler l'oignon et la carotte en petits dés et ajouter au filet. Laisser revenir quelques secondes puis ajouter l'ail haché, le bouquet garni et le vin blanc. Assaisonner de sel et de poivre. Couvrir le récipient et terminer la cuisson doucement au four, à 180 °C (th. 6).

Cuire les petits oignons épluchés en les couvrant d'eau avec 10 g de beurre, du sel et une pincée de sucre. Après complète évaporation de l'eau de cuisson, les laisser légèrement caraméliser.

Éplucher les petits navets, les laisser entiers si possible. Les cuire à l'eau bouillante salée. Égoutter délicatement et assaisonner avec le reste de beurre.

Couper le filet en tranches et disposer dans un plat rond, en couronne. Napper avec le jus de cuisson. Disposer au centre les navets et les petits oignons. Saupoudrer de persil haché.

Carré de porc braisé au chou

Prép. : 20 min - Cuiss. : 1 h 30 min
4 pers.

800 g de carré de porc / 5 cl d'huile / 30 g de beurre / 100 g d'oignons / 100 g de carottes / 1 kg de chou rouge / 1/2 l de vin rouge / 1/4 l de bouillon de bœuf / 2 gousses d'ail / 1 bouquet garni (persil, thym, laurier) / 1 pomme acide / Sel, poivre.

Dans un récipient assez grand pour contenir tous les éléments, mettre le carré assaisonné, l'huile et le beurre. Mettre au four et faire colorer sur toutes les faces, en arrosant fréquemment.

Ajouter ensuite les oignons et les carottes émincées. Laisser revenir 1 minute puis ajouter le chou rouge taillé en lanières. Verser le vin et le bouillon. Ajouter l'ail haché et le bouquet garni, le sel, le poivre. Faire bouillir sur un feu vif puis terminer la cuisson à four moyen, avec un couvercle. Cuire 1 heure à 1 heure 30 minutes suivant l'épaisseur du carré. 10 minutes avant la fin de la cuisson, ajouter la pomme coupée en petits dés.

Après cuisson, retirer le carré, le bouquet garni, et vérifier l'assaisonnement du chou.

Trancher le carré entre chaque côte. Mettre sur le plat de service et entourer avec le chou rouge.

Rouelle de porc braisée

Prép. : 15 min - Cuiss. : 1 h 20 min
8 pers.

1 rouelle de porc (1,800 à 2 kg) / 5 cl d'huile / 30 g de beurre / 300 g de carottes / 250 g de petits oignons / 2 dl de vin blanc sec / 1/2 l de fond brun (p. 12) / 1 bouquet garni (persil, thym, laurier, sauge) / 2 gousses d'ail / 1 tomate / 250 g de champignons de Paris / Persil haché / Sel, poivre.

Dans un récipient allant au four, faire colorer la rouelle dans l'huile et le beurre bien chauds. Assaisonner. Ajouter les carottes coupées en rondelles épaisses et les petits oignons. Laisser revenir quelques instants puis verser le vin blanc et le fond brun.

Faire bouillir et ajouter le bouquet garni, l'ail écrasé, la tomate taillée en petits dés. Finir la cuisson doucement au four, à couvert, à 180 °C (th. 6).

Ajouter les champignons coupés en quartiers 10 minutes avant la fin. Rectifier l'assaisonnement et dégraisser si besoin est.

Après cuisson, retirer la rouelle délicatement sur une planche à découper. Retirer l'os du centre et couper en tranches un peu épaisses. Reconstituer la rouelle sur un grand plat de service.

Retirer le bouquet garni et les gousses d'ail du jus de cuisson. Disposer les légumes autour de la rouelle à l'aide d'une écumoire. Faire bouillir ensuite le jus sur le feu de manière à le réduire de moitié.

Napper la rouelle avec son jus et saupoudrer de persil haché.

L'AGNEAU

L'élevage de mouton en France se distingue de trois manières :
— l'élevage pour la viande,
— l'élevage pour la laine,
— l'élevage pour le lait et pour la fabrication des fromages.

LES APPELLATIONS

— Agnelet : il est âgé de 4 à 6 semaines et nourri au lait maternel.

— Agneau de lait : il est âgé de 2 mois et nourri au lait maternel ou de substitution.

— Agneau gris : il est âgé de 4 à 5 mois et nourri au lait et grains.

— Agneau antenais ou broutart : il est âgé de 12 à 18 mois et nourri d'herbes, de grains.

— Bêtes de réformes : âges variables et indéterminés.

Conseils d'achat : la viande d'agneau doit être ferme, souple sous les doigts, de couleur rose et brillante. Son grain doit être fin à la coupe et sans odeur trop forte. La graisse est blanche, épaisse et ferme, abondante autour des rognons.

CONSERVATION

— Viande sous film plastique : 5 jours à 2° maximum.

— Viande congelée : quelques mois à -18° minimum.

— Viande sous vide : 3 à 4 semaines à 2°.

VIANDE ET MATURATION

On appelle maturation le temps pendant lequel la viande repose juste après l'abattage. En effet, il est nécessaire que la viande subisse ce repos forcé pour devenir consommable. Si la viande était cuite tout de suite après l'abattage, elle serait dure et sans saveur.

La durée de la maturation varie d'une semaine à 15 jours en ambiance réfrigérée.

L'AGNEAU	Poids/pers.	Principaux morceaux pouvant être utilisés
Côtes	0,200-0,250 kg	Tranche taillée dans le carré.
Noisettes	0,150 kg	Tranches épaisses taillées dans le carré ou le filet, entièrement paré et désossé.
Mutton chop	0,200 kg	Côte dans le filet non désossé.
Brochettes	0,150 kg	Cubes épais taillés dans : collet, gigot, épaule.
Gigot à l'anglaise	0,150 kg	Gigot raccourci.
Baron	0,150-0,200 kg	2 gigots + selle.
Selle anglaise	0,200 kg	Ensemble des deux filets non séparés.
Pièces à rôtir	0,150 kg sans os ; 0,200 kg avec os	Gigot, carré, filet, épaule.
Ragoût (viande en sauce)	0,200 kg sans os ; 0,250 kg avec os	Épaule, poitrine, collet.

CONSEILS D'UTILISATION
DES VIANDES SURGELÉES

Cuire les petites pièces de viande directement sans décongélation préalable aussi souvent que possible.

Décongeler doucement les grosses pièces au réfrigérateur, sachant que cela peut être relativement long pour certaines pièces (quelques jours). Il faudra en tenir compte dans la programmation de vos menus.

Brochettes d'agneau aux herbes

Prép. : 30 min - Cuiss. : 10 min
4 pers.

1 oignon / 1/2 poivron rouge / 600 g de gigot d'agneau désossé / 4 rognons d'agneau / 10 g de curry / Thym, romarin... / 5 dl d'huile d'olive / Sel.

Éplucher l'oignon ainsi que le poivron, les détailler en morceaux.

Détailler le gigot d'agneau en gros dés.

Couper les rognons en deux, retirer la partie blanche et la membrane qui les recouvre. Saupoudrer la viande et les rognons du curry et des herbes.

Embrocher en alternant viande, poivron, rognon et oignon. Arroser d'un filet d'huile d'olive.

Assaisonner de sel et faire sauter vivement à la poêle ou faire griller sur le barbecue.

Rouelles d'agneau aux courgettes et coriandre

Prép. : 10 min - Cuiss. : 10 min
4 pers.

1 belle courgette / 1 oignon / 5 cl d'huile / 4 rouelles d'agneau d'environ 200 g / Fleur de thym / 1 dl de vin blanc / Le jus d'1/2 citron / 5 cl d'huile d'olive / 10 grains de coriandre / Persil haché / Sel, poivre.

Tailler la courgette en petits dés d'environ 1/2 cm. Les jeter 2 minutes dans l'eau bouillante salée. Les égoutter.

Éplucher et ciseler finement l'oignon.

Dans une poêle, faire chauffer l'huile. Y déposer les rouelles. Assaisonner de sel, de poivre et de thym. Laisser cuire environ 3 minutes de chaque côté. Retirer les rouelles dans un plat. Tenir au chaud.

Dégraisser, ajouter l'oignon, le vin blanc, le jus de citron et l'huile d'olive. Laisser cuire 1 minute puis ajouter les grains de coriandre, les dés de courgette et le persil haché. Laisser mijoter 2 à 3 minutes.

Vérifier l'assaisonnement. Verser sur les rouelles bien chaudes. Saupoudrer de persil haché.

Mixed gril

Prép. : 15 min - Cuiss. : 10 min
4 pers.

800 g de pommes de terre / 100 g de beurre / Le jus d'1/4 de citron / 1 cuil. à café de persil haché / 4 côtes d'agneau / 4 demi-merguez / 2 rognons d'agneau / 4 tranches de poitrine de porc fumée / 4 petites tomates / 5 cl d'huile / Sel, poivre.

Éplucher et tailler les pommes de terre en fins bâtonnets de 2 mm de section sur 5 à 6 cm de longueur. Réserver dans de l'eau froide.

À l'aide d'une cuillère, mélanger le beurre, le jus de citron, le persil. Assaisonner. Réserver.

Égoutter, sécher dans un torchon les pommes de terre. Les plonger par petite quantité dans de l'huile de friture chaude, jusqu'à ce qu'elles soient colorées. Retirer sur un papier absorbant. Assaisonner.

Préparer les côtes d'agneau, les merguez, les rognons coupés en deux débarrassés de la partie blanche, les tranches de poitrine et les tomates, dans un plat huilé. Assaisonner et faire griller avec l'huile tous les éléments. Terminer la cuisson des merguez et des tomates au four éventuellement.

Dresser en couronne sur un plat rond, les pommes de terre au centre. Disposer une noisette de beurre au centre des rognons.

Servir aussitôt.

Côtes d'agneau à la vinaigrette d'aromates

Prép. : 15 min - Cuiss. : 8 à 10 min
4 pers.

1 cuil. à café de poivre en grains concassé finement / 1/2 gousse d'ail / 1 cuil. à café de persil haché / 8 côtes d'agneau / 50 g de poivron vert / 1 belle tomate / 5 cl d'huile / 30 g d'échalote hachée / 1 pincée de basilic / Le jus d'1 citron / 5 cl d'huile d'olive / Sel, poivre.

Mélanger le poivre en grains, l'ail haché et le persil. Saupoudrer les côtes d'agneau avec ce mélange.

Éplucher et tailler le poivron et la tomate en petits dés.

Faire saisir les côtes dans l'huile bien chaude, les cuire quelques minutes de chaque côté. Les retirer et les tenir au chaud.

Dégraisser le récipient, ajouter l'échalote. Remuer. Ajouter la tomate et le poivron, le basilic, le sel, le poivre. Cuire 2 à 3 minutes.

Mélanger au fouet jus de citron et huile d'olive et incorporer délicatement le mélange tomate-poivron. Napper aussitôt les côtes et servir aussitôt.

Côtes d'agneau marinées, grillées

Prép. : 10 min - Repos : 30 min
Cuiss. : 10 min - 4 pers.

1 dl d'huile d'olive / 1 cuil. à café de harissa / 2 gousses d'ail hachées / Herbes de Provence / 8 à 12 côtes d'agneau / Sel fin.

Mélanger l'huile d'olive, la harissa, l'ail et les herbes de Provence.

Disposer les côtes sur un plat long, enduire au pinceau du mélange précité. Laisser reposer au frais.

Assaisonner de sel.

Poser les côtes sur un gril ou sur un barbecue bien chaud. Cuire quelques minutes de chaque côté.

Côtes d'agneau panées au jambon et champignons

Prép. : 20 min - Cuiss. : 10 min
4 pers.

12 côtes d'agneau / 30 g de farine / 1 œuf / 100 g de chapelure / 80 g de champignons de Paris / 50 g de jambon blanc / 50 g de beurre / 5 cl de porto / 2,5 dl de fond brun lié (p. 12) / 5 cl d'huile / Sel, poivre.

Paner les côtes en les farinant, en les trempant dans l'œuf battu puis dans la chapelure.

Nettoyer, laver et tailler les champignons en fins bâtonnets. Tailler de la même façon le jambon. Cuire ensemble quelques minutes avec une noisette de beurre. Ajouter le porto. Laisser réduire et ajouter le fond. Laisser cuire quelques instants et vérifier l'assaisonnement.

Assaisonner les côtes et les cuire à feu moyen dans l'huile et le reste de beurre, environ 5 minutes de chaque côté.

Napper le fond du plat avec la sauce et disposer les côtes dessus.

Servir aussitôt.

Filet d'agneau aux pommes de terre

Prép. : 20 min - Cuiss. : 15 min
4 pers.

500 g de pommes de terre / 30 g de farine / 1 œuf / 1 cuil. à soupe de persil haché / 1/2 gousse d'ail hachée / 1 filet d'agneau désossé (600 g) / 1 dl d'huile / 50 g de beurre / Sel, poivre.

Éplucher et tailler les pommes de terre en fins filaments de 2 mm de section ou utiliser un coupe-légumes électrique.

Saupoudrer les pommes de terre de farine. Ajouter l'œuf, l'assaisonnement, le persil et l'ail. Bien mélanger.

Former une petite galette peu épaisse avec ce mélange. Poser 1 tranche de filet d'agneau d'environ 1 cm d'épaisseur dessus. Assaisonner puis recouvrir d'une nouvelle galette de pommes de terre. Recommencer l'opération jusqu'à épuisement de la préparation.

Déposer délicatement ces pièces dans un mélange d'huile et de beurre chaud. Utiliser de préférence une poêle antiadhésive. Laisser cuire 4 à 5 minutes de chaque côté.

Disposer sur un plat rond et servir aussitôt.

Servir cette délicieuse préparation avec une salade frisée relevée d'un peu d'échalote et d'estragon frais.

Noisettes d'agneau à l'estragon

Prép. : 15 min - Cuiss. : 10 min
4 pers.

1 filet d'agneau désossé (600 à 700 g) / 5 cl d'huile / 20 g d'échalote hachée / 5 cl de vinaigre / 1/4 l de fond brun lié (p. 12) / 1 branche d'estragon frais haché / 50 g de beurre / Sel, poivre.

Faire désosser le filet par le boucher. Tailler des tranches un peu épaisses. Assaisonner de sel et de poivre. Les cuire 2 à 3 minutes de chaque côté dans l'huile bien chaude.

Disposer en couronne dans un plat et tenir au chaud.

Dégraisser le récipient, ajouter l'échalote et le vinaigre. Faire réduire presque à sec puis ajouter le fond brun et l'estragon. Laisser réduire 1 minute.

Vérifier l'assaisonnement et ajouter le beurre en parcelles en remuant avec un fouet.

Verser la sauce sur les noisettes. Servir aussitôt.

Épaule d'agneau farcie

Prép. : 30 min - Cuiss. : 40 à 50 min
8 pers.

30 g d'échalote / 250 g de champignons de Paris / 50 g de beurre / 1 cuil. à soupe de persil haché / 200 g d'épaule de veau / 1 œuf / 1,5 dl de crème épaisse / 5 cl de cognac / 1 épaule d'agneau désossée / 5 cl d'huile / 1 dl de vin blanc / Sel, poivre.

Éplucher et tailler l'échalote en petits dés, puis les champignons. Faire légèrement revenir les échalotes avec un peu de beurre. Ajouter les champignons et le persil. Assaisonner et laisser cuire jusqu'à complète évaporation de l'eau de végétation. Refroidir après cuisson.

Dégraisser et dénerver soigneusement l'épaule de veau. La hacher très finement au robot puis ajouter l'œuf, la crème, le cognac, le sel et le poivre. Mélanger énergiquement à l'aide d'une spatule et ajouter la préparation de champignons.

Disposer la farce à l'intérieur de l'épaule d'agneau désossée par le boucher. Rouler l'épaule de façon que la farce ne puisse s'échapper et ficeler soigneusement. Placer l'épaule dans un plat au four, à 210 °C (th. 7), avec le reste de beurre et l'huile.

Lorsque la pièce est bien colorée, ajouter le vin blanc et terminer la cuisson à couvert, en réduisant la température à 180 °C (th. 6).

Détailler l'épaule en tranches épaisses. Disposer sur un plat et napper avec le jus de cuisson dégraissé.

Carré d'agneau rôti en croûte d'ail

Prép. : 20 min - Cuiss. : 30 min
Repos : 10 min - 4 pers.

1 à 1,200 kg de carré d'agneau / 4 gousses d'ail / 50 g de chapelure / 2 cuil. à soupe de persil haché / 5 cl d'huile d'olive / 5 cl d'huile / 20 g de beurre / Sel, poivre.

Faire préparer, dégraisser et ficeler le carré d'agneau par le boucher. Conserver les os.

Mélanger l'ail finement haché avec la chapelure et le persil haché. Ajouter l'huile d'olive en filet, en remuant à l'aide d'une spatule, jusqu'à l'obtention d'une pâte malléable.

Mettre le carré et les os dans un plat allant au four, ajouter l'huile et le beurre. Assaisonner. Démarrer la cuisson à four chaud, à 250 °C (th. 8-9), pendant une dizaine de minutes, en arrosant souvent. Sortir le carré du four. Appliquer sur le dessus de la pièce, avec les mains, en appuyant assez fortement, la pâte réalisée précédemment, et terminer la cuisson 10 minutes à 200 °C (th. 6-7).

Sortir du four et laisser reposer le carré au chaud.

Dégraisser le plat si besoin est. Ajouter 1/4 l d'eau et faire cuire une dizaine de minutes. Passer le jus ainsi obtenu au chinois. Vérifier l'assaisonnement.

Couper le carré entre chaque côte et les disposer sur un plat long préalablement nappé du jus.

Gigot d'agneau au jus d'ail

Prép. : 10 à 15 min - Cuiss. : 40 à 50 min
Repos : 15 min - 8 à 10 pers.

1 gigot de 2 à 2,500 kg / 8 à 10 gousses d'ail / 5 cl d'huile / 30 g de beurre / 1/2 l de fond brun (p. 12) ou d'eau / Sel, poivre.

Faire préparer le gigot par le boucher. Conserver les os.

Éplucher l'ail, couper les gousses en deux. Retirer les germes, écraser à l'aide d'un gros couteau.

Mettre le gigot et les os dans un plat allant au four. Arroser d'huile. Ajouter le beurre en parcelles. Assaisonner. Mettre à four chaud, à 250 °C (th. 8-9). Retourner le gigot lorsqu'il est bien coloré. Diminuer le four à 200 °C (th. 6-7), laisser cuire en arrosant fréquemment.

Après cuisson, retirer le gigot et le couvrir avec un papier d'aluminium. Tenir au chaud.

Dégraisser le récipient de cuisson si besoin est, ajouter les gousses d'ail et le fond. Laisser cuire 10 à 15 minutes pendant que le gigot « repose ».

Passer le jus obtenu au chinois, vérifier l'assaisonnement.

Dresser le gigot tranché sur un plat long avec un peu de jus. Servir le reste en saucière.

Le repos de la viande après cuisson a pour but de rediffuser le sang dans la pièce et de la rendre ainsi plus agréable et plus savoureuse.

Gigot d'agneau à l'anglaise

Prép. : 20 min - Cuiss. : 1 h
8 à 10 pers.

1 gigot / 1 l de fond blanc (p. 13) / 250 g de carottes / 250 g de navets / 100 g de petits oignons / 100 g de haricots verts / 500 g de pommes de terre / 1 dl de crème épaisse / Fécule / 30 g de câpres / Sel, poivre.

Dégraisser le gigot, l'envelopper dans une serviette et le ficeler. Le plonger dans le fond blanc bouillant. Cuire doucement pendant environ 10 minutes.

Éplucher et tailler les carottes et les navets en gros bâtonnets. Ajouter au gigot, avec les petits oignons et les haricots. Cuire environ 30 minutes.

Éplucher et cuire les pommes de terre à l'eau.

Prélever 1/2 l de bouillon du gigot, ajouter la crème, faire bouillir et lier légèrement avec un peu de fécule délayée dans de l'eau. Ajouter les câpres égouttées. Vérifier l'assaisonnement.

Retirer la serviette et trancher le gigot. Mettre sur le plat de service. Disposer autour les légumes et napper avec la sauce aux câpres.

Haricot de mouton

Trempage : 1 nuit - Prép. : 30 min - Cuiss. : 2 h
4 pers.

200 g de haricots blancs / 1 oignon / 1 carotte / 1 bouquet garni (persil, thym, laurier, poireau, céleri) / 4 gousses d'ail / 1 kg de mouton (collier, épaule, poitrine) / 5 cl d'huile / 100 g d'oignons hachés / 30 g de farine / 30 g de concentré de tomates / Persil haché / Sel, poivre.

Mettre les haricots à tremper la veille. Les faire blanchir puis les mettre à cuire très doucement avec de l'eau, l'oignon, la carotte, le bouquet garni et 1 gousse d'ail (le temps de cuisson dépend de la qualité des haricots).

Dégraisser et découper la viande en morceaux. Faire saisir dans l'huile bien chaude. Dégraisser et ajouter les oignons hachés. Mélanger. Ajouter la farine. Remuer. Ajouter environ 1 l d'eau, le concentré de tomates, l'ail restant haché et l'assaisonnement. Faire bouillir en remuant et faire cuire doucement à couvert.

Égoutter les haricots. Retirer les légumes et les ajouter à la viande. Vérifier et rectifier le mouillement si besoin est. Poursuivre la cuisson pendant quelques minutes.

Vérifier l'assaisonnement et la cuisson de la viande puis dresser dans un plat creux. Saupoudrer de persil. Servir aussitôt.

Ne pas saler les haricots en début de cuisson car le sel durcit la peau et donne une sensation de légume pas cuit.

Navarin printanier

Prép. : 1 h - Cuiss. : 1 h 30 min
4 pers.

1 épaule d'agneau désossée / 5 cl d'huile / 100 g d'oignons / 30 g de farine / 30 g de concentré de tomates / 3 gousses d'ail / 1 bouquet garni / 4 carottes / 4 navets / 4 belles pommes de terre / 50 g de haricots verts / 50 g de petits pois / 150 g de petits oignons / 30 g de beurre / Sucre / Un peu de persil haché / Sel, poivre.

Dégraisser et découper l'épaule en gros dés. Les saisir dans l'huile chaude. Ajouter les oignons hachés puis la farine. Bien mélanger et ajouter environ 1 l d'eau. Faire bouillir en remuant et ajouter le concentré de tomates, l'ail haché, le bouquet garni, sel et poivre. Laisser cuire à couvert doucement 30 minutes.

Éplucher et tailler les carottes, les navets et les pommes de terre en gros bâtonnets.

Ajouter les carottes et les navets au navarin. Laisser cuire 10 minutes puis ajouter les pommes de terre, les haricots et les petits pois. Laisser cuire 30 à 40 minutes en vérifiant l'appoint de cuisson des légumes.

Cuire les petits oignons avec le beurre, de l'eau, du sucre et du sel. Lorsque l'eau s'est complètement évaporée, laisser légèrement colorer les oignons.

Disposer les morceaux d'agneau dans un plat creux. Entourer délicatement avec les légumes. Vérifier l'assaisonnement et la consistance de la sauce. Napper. Ajouter les petits oignons. Saupoudrer de persil haché.

TABLE DES RECETTES

Dépôt légal 2e trim. 1996 n° 2 271

Imprimé en C.E.E.